青少年游泳入门教程

全彩图解视频学习版

全运会100米仰泳冠军

张宇 | 编

人民邮电出版社

北京

图书在版编目（CIP）数据

青少年游泳入门教程：全彩图解视频学习版 / 张宇
编. -- 北京：人民邮电出版社，2022.5
ISBN 978-7-115-57426-8

Ⅰ. ①青… Ⅱ. ①张… Ⅲ. ①青少年－游泳－运动训
练－教材 Ⅳ. ①G861.102

中国版本图书馆CIP数据核字(2021)第191861号

免责声明

内 容 提 要

本书由具有丰富的青少年游泳执教经验的张宇教练撰写而成，通过分步骤图解的方式，详细介绍了适合游泳初学者，特别是青少年学习的游泳技术，能够为游泳教练和体育老师提供丰富的教学内容和参考经验。

本书从游泳场地、装备以及泳姿分类等基础知识讲起，然后着重讲解了游泳前需要进行的热身活动、熟悉水性练习以及4种游泳技术的练习要点，并针对技术的强化提供了专门的练习方法，以帮助游泳初学者更好地掌握技能。此外，本书还提供了部分技术及练习方法的真人示范视频，扫描书中的二维码即可观看。希望本书能够帮助游泳初学者更全面地学习游泳运动，帮助教练和体育老师更系统地教学。

- ◆ 编 张 宇
  责任编辑 林振英
  责任印制 马振武

- ◆ 人民邮电出版社出版发行　北京市丰台区成寿寺路 11 号
  邮编　100164　电子邮件　315@ptpress.com.cn
  网址　https://www.ptpress.com.cn
  三河市君旺印务有限公司印刷

- ◆ 开本：700×1000　1/16
  印张：10.25　　　　　2022 年 5 月第 1 版
  字数：235 千字　　　2025 年 7 月河北第 4 次印刷

定价：59.80 元

读者服务热线：(010)81055296　印装质量热线：(010)81055316
反盗版热线：(010)81055315

推荐语

在我执教期间，遇到过不少优秀的游泳运动员，他们来自全国各地，张宇就是其中一位。当我得知他正在编写一本关于青少年学习游泳的指导书并邀请我作序时，我的记忆瞬间回到了2009年10月19日那一天，张宇以55秒14的成绩，获得第十一届全国运动会男子100米仰泳决赛冠军，那一刻，我为他的突破和进步感到骄傲和自豪。

作为一名执教30多年的教练，我深知，仅拥有取得成绩时的高光时刻是不够的，如何使它继续发光发热，才是一名优秀的教练更需要深入思考的事情。我很欣慰，我的队员不仅这么思考着，也身体力行实践着。

作为游泳运动员，张宇基本功扎实，心理素质过硬；作为游泳教练，他经验丰富，耐心教学，致力于将自己所学及丰富的赛事经验，转化为通俗易懂的学习教材，让更多人学会游泳、爱上游泳。即使在线下室内活动备受冲击的疫情期间，张宇依然没有放弃，积极探索线上教学，向公众普及游泳运动，他对游泳事业的坚持与热爱令我感动。

游泳运动形式多样，从古至今，都有很多人为之着迷，他们尝试掌握它、探索它，并不断发现其中的乐趣。游泳有益身心健康，能增强心肺功能，促进血液循环，提高抵抗力，并有助于释放心理压力，疏解紧张情绪，是不少心理医生推荐的一项运动；若对形体有要求，它也是一项绝佳选择……

近年来，我国运动员在游泳赛事上逐渐崭露头角，实现一个又一个"零"的突破，这与背后默默付出的专业教练们，以及夜以继日辛苦训练的优秀运动员们是分不开的。有像张宇这样优秀的退役运动员转型为专业教练走进公众，并坚守一线不懈推广、普及游泳运动，我相信游泳运动的群众基础将越来越广泛，我国的游泳事业也将会越来越强大！

原中国国家游泳队教练
陈映红

阅读说明

动作序号

每个动作依次排列的练习序号。

动作名称

每个技术动作的名称。

要点提示

对动作步骤进行要点提示。对照动作的照片阅读该提示可以迅速理解动作的要点是什么。

动作图片

动作的步骤照片展示。

练习
028 浮板呼吸练习

扫码看视频

呼气

吸气

练习步骤

① 双手放于浮板上，手臂伸直，抬头吸气，双腿交替打水保持稳定；接着将头部浸入水中憋气，随后缓缓呼气。此过程中打水动作要保持稳定的节奏。

② 略感呼吸困难后，头部出水吸气，双腿保持打水。

教练提示

此练习可优化游泳动作的配合方式。注意保持打水与呼吸的协调。

034

练习步骤

详细的步骤文字解说，可以清楚地了解到每个步骤的动作过程。

教练提示

作者重点总结的训练要点和在训练过程中需要注意的问题。

练习

029 憋气练习

扫码看视频

热身运动

熟悉水性练习

自由泳

蛙泳

蝶泳

侧泳

体能训练

练习步骤

练习者站于泳池，屈膝下蹲，双臂向前伸直，缓缓入水，保持半蹲姿势在池底憋气一段时间。感觉到在水下呼吸困难后浮出水面。

知识拓展

克服怕水心理

该练习可以克服怕水心理。初学者可在教练陪同下潜入水底，初步感知在水中的视野，练习长时间憋气，缓解怕水的情绪。

教练提示

练习者应在保持稳定的情况下尽量放松。

035

游泳基础知识

在学习游泳之前，需要先了解游泳运动相关的基础知识，如游泳场地、游泳用具和泳姿分类等，让你快速进入游泳的世界。

■ 游泳场地

游泳场地分为室内人工泳池、室外泳池和公开水域等几种，其中泳池是游泳运动的基础设施之一，无论是进行基本训练，还是多数的游泳比赛，都需要以泳池作为基本的场地。选择泳池时可根据自身水平进入到相应区域（浅水区、深水区）进行训练。

比赛泳池的规格一般为：长度为 50 米，宽度应大于 21 米，水深一般超过 1.8 米。水温应介于 27~28 摄氏度之间。泳池应该具备消毒与过滤功能，从而保持池水洁净。

 教练提示

在选择室内人工泳池进行长期训练时，应综合判断该泳池场馆内的各方面设施是否齐全，具体包括水温、室温、水质、救生员和救生设施等。

■ 游泳用具

进入游泳场地前，要准备好基本的游泳用具，具体包括泳帽、划水掌、泳镜、游泳服装等。

泳帽

　　泳帽可以保护头发；同时还能够收拢头发，避免视线受阻，以及防止长发进入眼睛、鼻子和耳朵。此外，泳帽还可以防止掉落的头发污染泳池。

划水掌

　　佩戴划水掌进行辅助训练，可以提升训练者划水的效率。

泳镜

　　佩戴泳镜不但可以保护眼睛免受水中细菌等的污染，还能使游泳者在水中拥有良好的视野，避免与他人或池壁发生碰撞。

游泳服装

　　游泳服装通常选用简洁大方的款式，因其弹性、延展性好，贴合身体，穿起来非常舒适。

女装　　　　　　　　　　　　　　　　男装

浮板

初学者学习游泳时，通常会用到浮板类辅助器械。它不但可以帮助怕水的人勇敢下水且保持漂浮，还能有效提高学习效果，使训练顺利进行下去。

鼻夹与耳塞

游泳初学者经常会出现耳朵、鼻孔进水的情况。耳塞和鼻夹可防止此类情况出现，并让游泳者用嘴呼吸换气。耳塞则可以有效防止中耳炎的发生。

拖鞋

换装室与泳池之间通常都有很长的一段通道，这段路的地面不一定非常干净，脚踩脏后再进入泳池，池水也会被弄脏，所以随身携带能够更换的拖鞋将会非常便利。

毛巾

毛巾是去泳池游泳必不可少的用品之一，因为人长时间浸泡在水中，不仅会感到不舒服，而且还容易感冒，所以准备一条吸水性好的运动毛巾是非常必要的。

 教练提示

除了游泳训练的必备装备之外，也不要忘记将一些日常用品（例如，洗发水、护肤用品等）带入游泳场馆。

■ 泳姿分类

游泳运动发展至今，产生了多种泳姿。奥运会以及各大专业赛事将游泳运动分成4种泳姿来进行竞速比赛，分别为自由泳、蛙泳、蝶泳和仰泳。

自由泳

自由泳因其较为合理的动作结构特点成为目前速度最快的一种游泳形式，其特点为：采用俯卧姿势游进，游进时头和肩稍稍出水，双腿交替上下打水，双臂交替划水推动身体前进。双臂交替划水的同时，躯干会有节奏地左右转体，并配合有节奏的呼吸换气。

蛙泳

蛙泳技术出现得比较早，具有上千年的历史。由于该泳姿的动作姿势与青蛙在水中的游动动作非常相似，因此被形象地称为蛙泳。其特点为：采用俯卧姿势游进，游进时双臂在水下完成外划抓水、内划收手、伸臂动作，同时双腿有节奏地屈伸蹬夹水，并配合有节奏的呼吸换气。

蝶泳

蝶泳的泳姿源自蛙泳。由于其动作看起来像飞舞的蝴蝶，因此该泳姿被形象地称为蝶泳。其特点为：采用俯卧姿势游进，游进时双臂大幅度完成抓水、划水、推水、提臂、挥臂动作，同时在腰腹的带动下，双腿有节奏地完成打水，并配合有节奏的呼吸换气。

仰泳

仰泳也称作背泳，其特点为：人体在水中以仰卧姿势游进，游进时双臂交替划水，同时双腿有节奏地交替上下打水。因为仰泳时，脸部在水面之上，所以呼吸较为顺畅，但该泳姿无法观察前方，因此较难掌控前进的方向。仰泳比赛中，运动员是在水中出发，而其他泳姿则都是从跳台跳下出发。

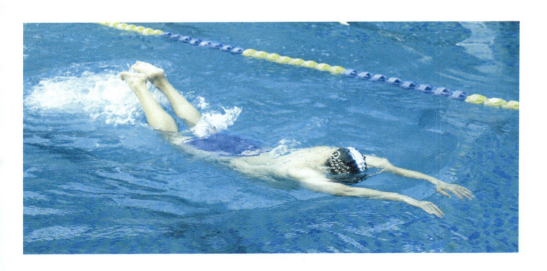

目录 CONTENTS

第 4 章 蛙泳   073

第 7 章 体能训练　　129

第 1 章
热身活动

热身活动可有效提高身体各部位的运动机能，调动神经兴奋性，增强活动能力，并有效地避免受伤。游泳运动的热身活动除了常规的针对身体主要肌肉和关节进行的热身方式之外，还可以结合游泳的特点进行。

001 颈部伸展

颈部向右侧伸展

练习步骤

① 身体直立，挺胸抬头，右手扶头，左手自然放于体侧，掌心朝内，目视前方。

② 右手扶头向右倾，使颈部肌群充分伸展。

③ 右手收至体侧，恢复直立姿势。

④ 左手扶头，右手自然放于体侧。

⑤ 左手扶头向左倾，使颈部肌群充分伸展。然后恢复至起始姿势，重复规定的次数。

颈部向左侧伸展

练习

002 肩部绕环

扫码看视频

练习步骤

① 身体直立，挺胸抬头，双手分别放于身体两侧，掌心朝内，目视前方。

② 双臂屈肘抬起，双手手指碰触肩膀。

③ 按照图中箭头方向，双臂以肩部为轴，向前环绕一周。

④ 接着再向后绕环一周，重复练习。

双臂向前环绕

知识点

放松肩部肌群

肩部的运动可以使肩部周围肌肉（包括手臂、胸部和背部的肌肉）得以激活。此运动可让肩部的动作更为流畅，增大肩部活动范围，使得游泳者在游泳运动中能更轻松地做各种动作。

003 流线型伸展

扫码看视频

1

双臂交叠，
向上伸直

2

练习步骤

① 身体直立，挺胸抬头，双手分别放于身体两侧，掌心朝内，目视前方。

② 双臂伸直并保持肘关节不弯曲，向上举过头顶，两手于头部上方交叠，指尖伸直，同时带动肩部向上伸展，胸部和腰部也向上用力。保持该姿势 3~5 秒。恢复至起始姿势，重复练习。

◎ 其他角度

知识点

常出现的错误

如果在游泳时经常出现手腕和肘部弯曲，则会导致躯干泄力，身体无法挺直，增大游泳时的阻力。

练习

004 手臂伸展

扫码看视频

热身运动

熟悉水性练习

自由泳

蛙泳

蝶泳

仰泳

体能训练

被拉伸的手臂
保持水平

练习步骤

① 身体直立，挺胸抬头，双手分别放于身体两侧，掌心朝内，目视前方。

② 右臂向左水平伸直，左臂向前向上屈肘，右臂置于左臂内，左臂向身体方向用力，使右臂肌肉有拉伸感，保持此动作 20 秒。

③ 换左臂重复练习。

⊙ 其他角度

 教练提示

该动作对上臂肌肉有很好的拉伸作用，使上臂划水更加有力、顺畅。

005 双臂大绕环

扫码看视频

1 **2** **3**

练习步骤

①~③ 身体直立，挺胸抬头，双手分别放于身体两侧，掌心朝内，目视前方。双臂向前方抬起，掌心朝下。然后开始向下、向身后环绕。

④~⑤ 双臂到达最低点，继续向身后、向上绕环，直至头顶上方，完成一个大绕环。新一轮的大绕环可继续向身前、向下开始进行，并重复练习。

4 **5**

手臂充分打开，向后做大绕环

知识点

灵活的肩关节

无论是哪种泳姿，手臂的划水、移臂动作不能缺少。因此，肩关节应具有高度灵活性，以扩大划水的范围，并做到灵活移臂。

练习

006 俯身扬手臂

扫码看视频

热身运动

熟悉水性练习

自由泳

蛙泳

蝶泳

仰泳

体能训练

1

2

双肩充分转动

3

练习步骤

① 身体直立，挺胸抬头，双手分别放于身体两侧。

② 俯身，右臂向下伸直，左臂上扬至肩部上方，双臂充分打开，并保持此动作 3~5 个呼吸。

③ 保持俯身状态，左臂向下伸直，右臂上扬至肩部上方，双臂充分打开。如此交替进行。

◎ 其他角度

教练提示

手臂充分打开伸展，有利于游泳时延伸划水距离，提升游泳速度。

007 扩胸运动

扫码看视频

1

2

练习步骤

① 身体直立，挺胸抬头，双手分别放于身体两侧，掌心朝内，目视前方。

② 双臂抬至胸前，屈肘保持水平，掌心向下，同时向后震动。

③ 双臂向外侧平展打开，手心朝上，同时向后震动。恢复至起始姿势，重复练习。

双臂打开至与肩持平，同时向后震动

3

知识点 👓

提升划水速度

扩胸运动是指以胸部内侧肌肉为核心展开的训练，通过震动手臂锻炼胸部肌肉，提高划水时的原动力，提升划水速度。

练习

008 腰部伸展

扫码看视频

热身运动

熟悉水性练习

自由泳

蛙泳

蝶泳

仰泳

体能训练

1

2

3

向下伸展至
最大限度

练习步骤

① 身体直立，挺胸抬头，双手分别放于身体两侧，掌心朝内，目视前方。

② 双手在体前交叉，掌心朝下，双腿与躯干保持直立。

③ 上身前屈，双臂向下伸直，尽量用手掌去触碰地面，注意整个过程中不要屈膝。

◎ 其他角度

 →  →

009 腰部扭动

扫码看视频

1 **2** **3** **4**

身体向左
侧转动

5 **6** **7**

身体向右
侧转动

练习步骤

① 身体直立，挺胸抬头，双手分别放于身体两侧，掌心朝内，目视前方。

②~③ 双臂向前抬起，五指相对，向左侧转动肩膀，带动腰向同侧转动。

④~⑤ 双臂回到中间位置，收回落下。

⑥~⑦ 双臂抬起，身体向右侧转动。重复练习。

练习

010　髋关节外展

扫码看视频

热身运动

熟悉水性练习

自由泳

蛙泳

蝶泳

仰泳

体能训练

1

2

大腿保持水平

3

4

5

水平外展

练习步骤

① 身体直立，双脚略分开。挺胸抬头，双手分别放于身体两侧。

② 核心收紧，身体稳定，左腿屈膝抬起，大腿与地面平行。

③ 左腿向身体左侧水平外展，双臂和身体都保持稳定。

④ 左腿内收放下后换右腿屈膝抬起，大腿与地面平行。

⑤ 右腿向身体右侧水平外展，稍作保持后内收放下，恢复至起始姿势，重复练习。

教练提示

髋关节是完成游泳打水动作时重要的一环。腿部的摆动要靠大腿发力，进而带动小腿来打水。髋关节的活动范围会影响大腿摆动的幅度，因此游泳前有必要让髋关节周围的肌肉等组织得到充分伸展。

011 屈膝环抱提拉

1

2

3

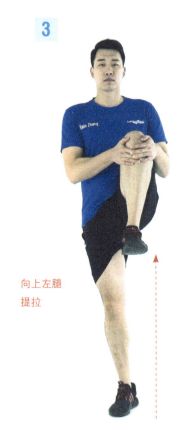

向上左腿
提拉

练习步骤

① 身体直立，挺胸抬头，双手分别放于身体两侧，目视前方。

② 左腿屈膝提起，保持大腿与地面平行，双手抱住膝关节。重心落于右腿上。

③ 双手抱住膝关节向上提拉，保持 3~5 秒。

④ 左腿收回落下，恢复至起始姿势。

⑤ 右腿屈膝提起，保持大腿与地面平行，双手抱住膝关节。重心落于左腿上。

⑥ 双手抱住膝关节向上提拉，保持 3~5 秒，然后右腿收回落下。恢复至起始姿势，两侧交替重复练习。

🛟 教练提示

该动作能使身体多处部位得到锻炼，益于游泳运动的进行。单腿站立的姿势可充分锻炼核心肌肉，增强腿部力量，提升平衡感，增加髋关节灵活度。如果想提升动作难度，可双手抱住小腿进行提拉。

4

5

6

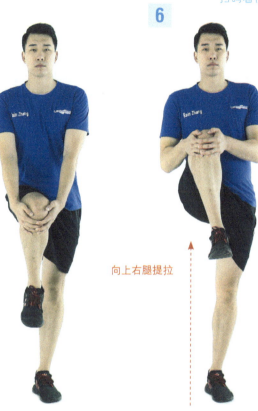

向上右腿提拉

⊙ 其他角度

$\rightarrow$ $\rightarrow$ $\rightarrow$ $\rightarrow$ $\rightarrow$

热身运动

熟悉水性练习

自由泳

蛙泳

蝶泳

仰泳

体能训练

012 站姿屈膝拉小腿

1

2

3

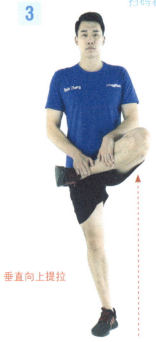

垂直向上提拉

4

核心收紧

5

练习步骤

① 身体直立，双脚略分开。挺胸抬头，双手分别放于身体两侧。

② 屈左膝，抬起左腿，并用双手抓住左腿的踝关节与小腿。

③ 核心收紧，保持身体稳定，双手向上提拉左腿至最大限度，并保持动作 3~5 个呼吸。

④ 换右腿屈膝上抬，双手抓住右腿的踝关节与小腿。

⑤ 双手向上提拉右腿至最大限度，保持动作 3~5 个呼吸，重复练习。

练习

013　后弓步下蹲

扫码看视频

1

2

练习步骤

① 身体直立，双脚略分开。挺胸抬头，双手分别放于身体两侧。

② 保持核心收紧，右腿向后跨出一大步，左腿屈膝，小腿几乎与地面垂直，整个脚掌着地。保持上身姿势不变。

③ 恢复直立姿势后换左腿向后跨出一大步，右腿屈膝，向下降的过程中身体保持正直，重复练习。

收紧腹部

3

腿部下压

教练提示

该动作能激活小腿肌肉，使游泳的打水动作更加自如，并可以有效防止小腿出现抽筋的状况。另外，该动作也会对踝关节有一定的锻炼效果，可更好地为下水游泳做好准备。

015

014 大腿伸展

扫码看视频

1

2 **3**

练习步骤

① 身体直立，双脚略分开。挺胸抬头，双手分别放于身体两侧。

② 保持核心收紧，左腿向后屈膝，并用左手扶住脚踝。右臂向上伸直举过头顶，左臂发力，向臀部位置拉伸腿部，直至大腿前侧肌肉有拉伸感，保持 15 秒。

③ 左腿放下，右腿屈膝。右手扶住右脚踝，向臀部方向拉伸腿部，同时左臂伸直，向上举过头顶，保持 15 秒。

◉ **其他角度**

练习

015 侧压腿

扫码看视频

1

2

向左下压

练习步骤

① 身体直立，双脚略分开。挺胸抬头，双手分别放于身体两侧。

② 双臂屈肘，双手抱拳于胸前。身体重心左移，左腿支撑身体，右腿伸直下压，直至左侧大腿与小腿尽量呈垂直状态。

③ 向右转移身体重心，换右腿支撑身体，左腿伸直下压，直至右侧大腿与小腿尽量呈垂直状态。重复练习。

3

向右下压

 教练提示

该练习可加强下肢力量，提升髋关节的灵活度。

016 大腿前侧练习

扫码看视频

1

2

核心收紧

3

4

向前用力

练习步骤

① 身体直立，双脚略分开，挺胸抬头，双手分别放于身体两侧。将弹力带一端固定于左脚踝关节，另一端固定在身后其他物体上，保持弹力带绷直但不拉伸。

② 保持躯干姿势不变，左腿向前抬起并拉伸弹力带，直至腿部与地面呈 45 度。

③ 恢复至起始姿势，并重复规定的次数。

④ 以同样的方式将弹力带固定于右腿踝关节。保持躯干姿势不变，重复与左腿相同的练习。

🛟 教练提示

练习此动作时，需要时刻保持核心收紧，以保证动作的稳定性。

017 大腿后侧练习

扫码看视频

练习步骤

① 身体直立，双脚略分开，挺胸抬头，双手分别放于身体两侧。将弹力带一端固定于左脚踝关节，另一端固定在身前其他物体上，保持弹力带绷直但不拉伸。

② 保持躯干姿势不变，左腿向后抬起并拉伸弹力带，直至腿部与地面呈 45 度。

③ 恢复至起始姿势并重复规定的次数。以同样的方式将弹力带固定于右腿踝关节。

④ 保持躯干姿势不变，重复与左腿相同的练习。

保持腿部伸直

知识点

大腿带动小腿

有些泳姿强调直腿打水，即膝关节伸直，靠大腿带动小腿摆动打水，此动作需要强有力的大腿肌肉。

热身运动

熟悉水性练习

自由泳

蛙泳

蝶泳

仰泳

体能训练

018 弓步伸展

1

2

3

 教练提示

弓步伸展可以拉伸髋关节周围的肌肉，手臂向上伸展有利于锻炼身体在水中保持流线型姿势。

◉ **其他角度**

4

5

始终保持上身稳定

6

练习步骤

① 身体直立，双脚略分开。挺胸抬头，双手分别放于身体两侧。

② 保持核心收紧，左腿向后迈出一大步，左脚脚尖撑地；右腿屈膝至大腿约与地面水平。同时双臂在身体前方屈肘，掌心相对。

③ 保持弓步，双臂向头部上方伸直，手指保持打开，掌心相对。保持此动作 3~5 个呼吸。

④ 恢复至起始姿势。

⑤ 保持核心收紧，右腿向后迈出一大步，右脚脚尖撑地；左腿屈膝至大腿约与地面水平。同时双臂在身体前方屈肘，掌心相对。

⑥ 保持弓步，双臂向头部上方伸直，手指保持打开，掌心相对。保持此动作 3~5 个呼吸。

019 弓步侧屈

1

2

3 双臂屈肘，小臂竖起

练习步骤

① 身体直立，双脚略分开。挺胸抬头，双手分别放于身体两侧。

② 保持核心收紧，右腿向后迈出一大步，右脚脚尖撑地；左腿屈膝至大腿约与地面水平。

③ 双臂在身体前方屈肘，小臂竖起，掌心相对。

④ 保持身形稳定，身体姿势不变，两臂向头部上方伸直，手指保持打开，两掌交叠，掌心向前。

⑤ 保持核心收紧，手臂带动上身向左倾斜，直至上身与地面夹角约为 45 度。保持此动作 3~5 个呼吸。

⑥ 手臂和身体回正，恢复至起始姿势。

⑦ 换左腿向后迈出一大步，左脚脚尖撑地；右腿屈膝至大腿约与地面水平。双臂在身体前方屈肘，小臂竖起，掌心相对。

⑧ 保持身形稳定，身体姿势不变，两臂向头部上方伸直，手指保持打开，两掌交叠，掌心向前。

⑨ 保持核心收紧，手臂带动上身向右倾斜，直至上身与地面夹角约为 45 度。保持此动作 3~5 个呼吸。

热身运动

熟悉水性练习

自由泳

蛙泳

蝶泳

仰泳

体能训练

4

5

向左倾斜

6

7

8

9

向右倾斜

020 最伟大拉伸

1

2

3

右腿向后跨出一步

7

8

9

右臂屈肘并向外伸展，
直至手臂完全打开

4　　　　　**5**　　　　　　**6**

手臂向上打开至
最大幅度

10

练习步骤

① 身体直立，双脚略分开。挺胸抬头，双手分别放于身
体两侧。

② 弯腰俯身，双膝微屈，双手在双脚两侧撑地。

③ 保持手部动作不变右腿向后跨出直至伸直,脚尖撑地。
左腿屈膝，呈弓步姿势。

④ 左肘触碰左脚内侧地面。

⑤ 左臂向后、向上打开，直至手臂完全伸直，张开至最
大幅度。

⑥ 恢复至双手撑地的初始姿势。

⑦~⑩ 左腿向后跨出，脚尖撑地。右肘触碰右脚内侧地面，
然后向后、向上打开，直至手臂完全伸直，张开至最
大幅度。恢复至起始姿势，重复练习。

021 大字跳跃

扫码看视频

1 **2**

跳跃同时将
手臂打开

练习步骤

① 身体直立，双脚微靠拢，挺胸抬头，双手分别放于身体两侧，目视前方。

② 双脚向两侧跳开，同时双臂向身体两侧打开。

③ 双臂跟随动作继续打开，上抬至肩部高度。

④ 双脚向内跳起收回，双臂向上举过头顶。动作复原时，双脚向两侧跳开后再闭合，两手经身体两侧回到起始姿势。重复练习。

3 **4**

知识点

保持节奏

运动过程中双脚跳起的高度可以不用太高，双手触碰后开始下一次跳跃，注意手脚配合，保持良好的节奏。

练习

022 波比跳

扫码看视频

热身运动

熟悉水性练习

自由泳

蛙泳

蝶泳

仰泳

体能训练

1

2

3

🛟 **教练提示**

波比跳可以锻炼全身肌群,对心肺适能的训练也很有帮助。

5

6

4

双脚向上跳起

····· **练习步骤** ·····

① 身体直立,双手自然垂放于身体两侧。

② 屈膝下蹲,双臂伸直,掌心贴于地面。

③ 保持手臂状态不变,双腿同时向后蹬直,脚尖着地,呈俯卧撑预备姿势。

④ 双腿收回。

⑤ 双脚向上跳起,保持身体直立。

⑥ 双脚落地,恢复至起始姿势,重复练习。

023 腹式呼吸

知识点

腹式呼吸

腹式呼吸有利于改善心肺功能，增加肺活量，进而有益于游泳运动。

1

吸气

鼓起腹部

2

呼气

压缩腹部

练习步骤

① 在瑜伽垫上仰卧，头部放正，双腿屈膝，双臂自然放在身体两侧，身体放松。通过鼻腔慢慢吸入气体，直到达到最大吸气为止。注意肺部不要过度扩张。

② 通过口腔将气体均匀呼出，配合压缩腹部，直至将气体全部呼出。吸气时间可控制在 4~6 秒，呼气时间可控制在 2~4 秒。重复练习。

第 2 章
熟悉水性练习

初次入水时，大部分人都会有怕水的心理，因此通过训练来熟悉水性是很有必要的。除了要了解水的特性外，还要多与水接触，充分体会在水中的乐趣，让人体来慢慢适应水中环境。熟悉水性练习过程包括先从岸边打水开始，到进入水中，再到利用浮板练习，以及最后脱离浮板。这样循序渐进的练习，会让接下来的学习更容易。

024 岸边打水

扫码看视频

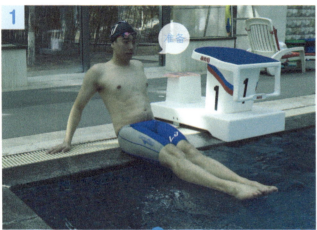

准备

右脚上抬打水

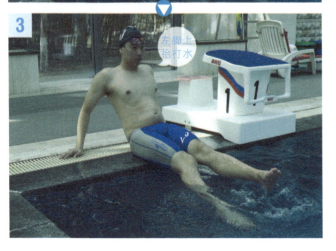

左脚上抬打水

练习步骤

① 双手撑地坐在池边，双腿伸直并靠拢，双脚绷直。

② 大腿发力，带动右侧小腿、脚部上抬打水。同时左腿向下打水至水中。

③ 当整个右腿与水平面接近平行时，大腿开始向下移动，进行下打水至微屈膝30度，同时换左腿上抬打水。

知识点

熟悉水性

该动作不但能帮助初学者熟悉水性，还能让游泳者通过练习该动作初步掌握打水的要领。

025 扶住池边入水

扫码看视频

练习步骤

① 背对泳池站立，双脚站于第一阶，双手扶住入水栏杆。

② 双手紧握栏杆，左脚下落至第二阶。

③ 右脚下落至第三阶。

④ 双脚交替下移至水中。

 教练提示

初次入水，安全是重中之重。站在泳池中观察水面，会减轻怕水的心理。另外，下水时要背向泳池，手扶入水的扶梯，一步一步稳稳地下移至水中。

热身运动　熟悉水性练习　自由泳　蛙泳　蝶泳　仰泳　体能训练

练习

026 浮板水性练习

扫码看视频

练习步骤

手握浮板置于胸腹部，身体下沉。肩膀入水，双腿屈膝，大腿尽量上提并向浮板靠近，身体自然浮起。这个练习有助于游泳初学者进一步感知水的特性，寻找身体位于水中的漂浮感与平衡感。

知识点

脚部动作

抱着浮板在水中做浮体练习时，双脚要向下自然伸展开以保持身体平衡。在双脚触及池底时，这个动作能保证及时接触池底并站稳。

练习

027 扶池边呼吸练习

扫码看视频

吸气

浸水

呼气

练习步骤

① 双手扶住池边，双腿向后充分伸直，使身体呈一条直线。抬起头部，吸气。

② 完成吸气后将头部浸入水中，憋气一段时间。

③ 在抬起头的过程中嘴部和鼻腔慢慢向外呼气。

④ 呼气结束，头部完全抬出水面，重复整个呼吸练习 5~10 次。

抬头

 教练提示

在换气的过程中要注意，吸入空气不可过满，否则在水中憋气的时间不会太长。初学者在练习时，吸入的空气量维持在最大吸气量的 60% 即可，这样新吸入的空气在肺里可以压缩，增加憋气的时间。

热身运动

熟悉水性练习

自由泳

蛙泳

蝶泳

仰泳

体能训练

028 浮板呼吸练习

扫码看视频

1

呼气

2

吸气

练习步骤

① 双手放于浮板上，手臂伸直，抬头吸气，双腿交替打水保持稳定；接着将头部浸入水中憋气，随后缓缓呼气。此过程中打水动作要保持稳定的节奏。

② 略感呼吸困难后，头部出水吸气，双腿保持打水。

 教练提示

此练习可优化游泳动作的配合方式。注意保持打水与呼吸的协调。

029 憋气练习

练习步骤

练习者站于泳池，屈膝下蹲，双臂向前伸直，缓缓入水，保持半蹲姿势在池底憋气一段时间。感觉到在水下呼吸困难后浮出水面。

知识拓展

克服怕水心理

该练习可以克服怕水心理。初学者可在教练陪同下潜入水底，初步感知在水中的视野，练习长时间憋气，缓解怕水的情绪。

 教练提示

练习者应在保持稳定的情况下尽量放松。

030 双手碰触池底

扫码看视频

练习步骤

在水上吸气之后，闭嘴憋气，屈髋屈膝下蹲，缓慢潜入水中，逐渐用嘴和鼻子呼气并潜至池底部，用双手碰触池底。待要换气时，站直身体露出水面。

◆ 错误姿势

▲ 双手未触碰到池底。　　▲ 双臂未伸直。　　▲ 重心不稳。

练习

031 俯卧漂浮

扫码看视频

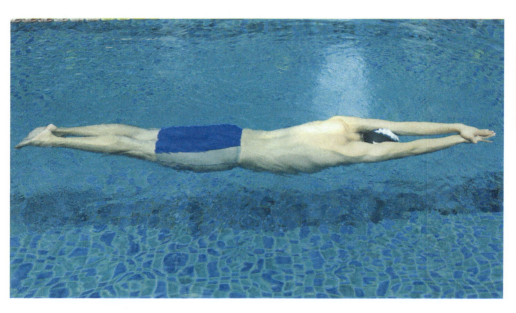

练习步骤

首先保持抱膝浮体的姿态，待身体平衡后，腿部向后伸展，手臂前伸，头部处于双臂间，目视下方，身体呈俯卧姿势漂浮，身体放松。

 教练提示

本练习可以让学习者更好地体会漂浮的技巧，让身体充分体会游泳时的漂浮状态，加深记忆以便游泳时加以运用。

⚓ 变式

▲ 大字形俯卧漂浮。

知识点 👓

两臂伸直

在熟悉基础的俯卧漂浮动作后，可以增加动作难度，即双臂向两侧伸直至与肩平行。

练习

032 浮板仰卧漂浮

扫码看视频

握住浮板
站于水中

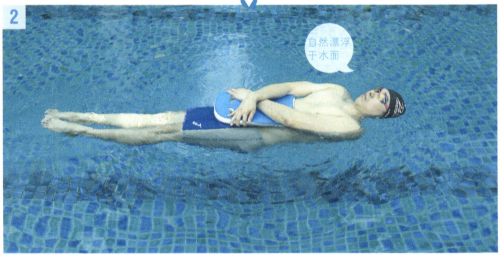

自然漂浮
于水面

练习步骤

① 站立于水中，双手交叉扶住浮板，保持身体平稳。

② 头向后仰，双腿伸展，调整呼吸，保持全身放松，
浮于水面。通过训练可提升腰腹力量，保证身体上浮。

知识点

漂浮技巧

此练习可针对仰泳姿态，初学
者由于腹部肌肉力量不足，容
易出现腰部下沉的情况，将腰
部贴近浮板可避免这种现象。

练习

033 仰卧漂浮

扫码看视频

练习步骤

首先站立于水中，保持身体平稳。双腿蹬地，身体后仰，利用手臂划水保持稳定。接着身体放松，双腿伸展，双手自然放于大腿上，调整呼吸，身体自然漂浮于水面。

⚉ 变式

▲ 大字形仰卧漂浮。

 教练提示

在掌握了借助浮板的仰卧漂浮后，可以脱离浮板，进行仰卧漂浮练习。随着动作的熟练，可以进行大字形的变式练习。

034 水中滑行

扫码看视频

1 准备

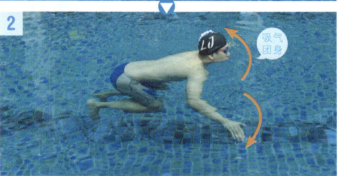

2 吸气团身

3 大腿后伸

4 蹬水滑行

练习步骤

① 站立于水中，双臂向前打开，目视前方。

② 双腿蹬地，双手从两侧向外，向下划水，使下半身漂浮起来。

③ 双腿向后伸，双手划水保持平衡。

④ 双臂伸直夹住头部，双手交叠，指尖伸直，上身呈直线。双脚向后向下蹬，身体向前向上跃出并滑行，在滑行过程中身体保持流线型，手臂和腿部收拢。

 教练提示

借助蹬腿力量和漂浮技术，着重体会和掌握游泳滑行时的流线型姿态，并在游泳时加以运用。

练习

035 蹬池底浮板滑行

扫码看视频

1　准备

2　吸气后下蹲

3　蹬池底

4　向前、向上滑行

5　向前滑行

练习步骤

① 站立在泳池的池壁前，双手扶住浮板中段。

② 在水上深吸气，屈膝，降低重心，头、肩逐渐入水，脚尖踩池底。双臂伸直，在头部两侧夹住头部。

③ 接着双脚用力蹬池底，推动身体向前、向上移。

④ 双臂向前伸直，向前、向上滑行至使上身与水面平行。

⑤ 借助双脚蹬池底的推力，使身体呈流线型向前滑进。过程中尽量保持身形不变，使身体尽可能滑行得更远。

知识拓展

浮板的作用

浮板不只是简单地提供浮力，它还可以用来纠正前伸手臂跑偏的问题，以及用于维持身体的平衡。

热身运动

熟悉水性练习

自由泳

蛙泳

蝶泳

仰泳

体能训练

036 蹬池底无浮板滑行

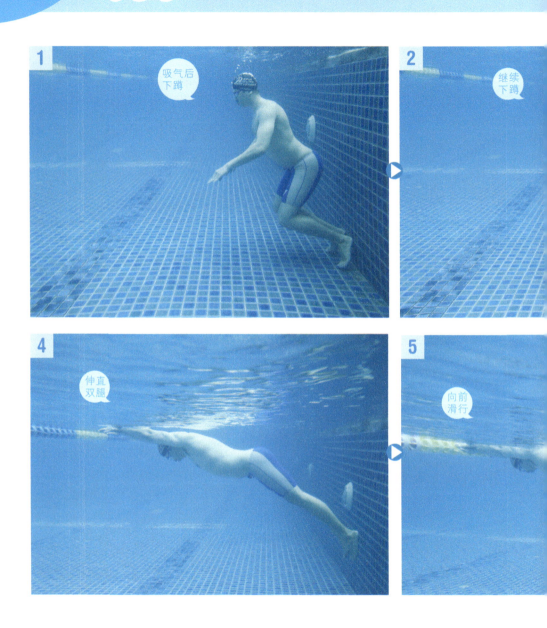

1 吸气后下蹲

2 继续下蹲

4 伸直双腿

5 向前滑行

 教练提示

向前滑行时，需提前深吸气，保持身体平稳。脚蹬池底时要用力。初学者可以先用浮板进行练习。

扫码看视频

蹬地起身

熱身运动

熟悉水性练习

自由泳

蛙泳

蝶泳

仰泳

体能训练

练习步骤

① 站立在泳池的池壁前，深吸气，屈膝，降低重心，头、肩逐渐入水，脚尖踩池底。

② 下蹲至最大限度，同时屈肘。

③ 双脚发力蹬池底，重心向上、向前移，双臂向前伸直，在头部两侧夹住头部。

④ 双腿蹬直，向前、向上滑行至使上身尽量处于水平位置。

⑤ 借助双脚蹬池底的推力，使身体向前滑出，呈流线型向前滑进。在滑行过程中保持身形不变，使身体尽量滑行得更远。找到在水中前进的感觉。

037 双腿同步踩水

扫码看视频

1 准备

练习步骤

① 漂浮于水中，肩膀及以下部位浸入水中。双臂向双侧伸直。双腿伸直两脚尖靠拢。

② 双脚先向后上移动，再往外、向下夹蹬。双臂配合向两侧划水。

③ 连贯进行踩水动作。如此循环练习。

2 双脚抬起

3 双脚踩水

教练提示

踩水对于持物渡河和水上救生都很实用。踩水时双腿应同时运动并保持自然呼吸。

练习

038 双腿交替踩水

扫码看视频

左腿屈膝

右腿屈膝

◉ 其他角度

练习步骤

①~② 漂浮于水中，肩膀及以下浸入水中。双臂向前水平伸直。右脚先向后再向外、向下夹蹬，右脚向下夹蹬的时候，左脚向后、向外下夹蹬。如此交替踩水进行练习，注意双臂始终保持前伸微划水保持身体平衡。

热身运动

熟悉水性练习

自由泳

蛙泳

蝶泳

仰泳

体能训练

第 3 章
自由泳

严格来讲，自由泳是可以运用任何游泳姿势前进的项目，但几乎所有运动员在自由泳竞赛时都选用爬泳的姿势进行比拼。爬泳这种姿势结构合理，游泳者所受阻力小，易于保持速度均匀、快速，是最省力、速度最快的一种游泳姿势，所以爬泳几乎成了自由泳的代表动作。

练习

039 陆上俯卧打水

扫码看视频

1

练习步骤

① 身体呈伸展姿势，左手搭在右手上向前伸直，双腿向后伸直。

② 在尽量保持左腿伸直的情况下大腿发力带动小腿和脚部向上抬起。下落时微屈膝打水。

2

尽量直腿上抬，
脚绷直

③ 当左脚掌与水平面接近或基本平行时，左大腿停止上摆并向下打水，同时换右腿发力向上打水。双腿交替上下打水。

3

知识拓展 👓

控制小腿惯性

向上打水的过程中，应注意控制小腿不要露出水面，脚掌只可以接近水面，否则会导致身体下沉，而且难以借助水的反作用力。

脚绷直，快速向下打水

◉ 其他角度

 →  →

热身运动　熟悉水性练习　自由泳　蛙泳　蝶泳　仰泳　体能训练

040 陆上坐姿腿部练习

扫码看视频

1

教练提示

向下打水时应绷直脚面，用脚背进行打水，这样脚部可以借助水的反作用力使身体向前向上游进。如果错误地以勾脚尖的姿态进行打水，不但不能产生推进力，反而会产生阻力使身体向后移动。

2

腿伸直，脚绷直

练习步骤

① 坐在训练椅上，双腿平行向前伸直，双脚绷直，双手扶于身体两侧的训练椅上，保持平衡。

② 在自由泳中，腿部向下打水产生动力，该练习强调腿部的下打水动作。由于自由泳以俯卧姿来游泳，下打水时，大腿发力，带动小腿进行打水。图中双脚稍稍内扣，左大腿带动小腿，向身体前侧做打水动作，右腿配合向下摆动。

3

③ 当左腿完全伸直、右腿与躯干的夹角在 140~160 度时，左腿开始转入自由游中的上打水（在图中表现为左腿向下摆动）。同时右腿则开始进入自由游中的下打水（在图中表现为右腿向上摆动）。如此交替进行。

练习

041 陆上俯卧抱板打水

扫码看视频

1

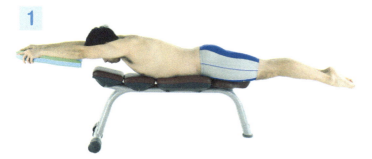

利用浮板能更好地感
觉游泳的姿势

2

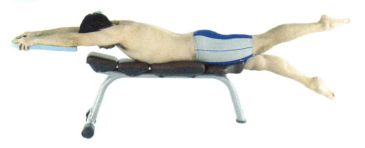

3

直腿打水时脚应
绷直

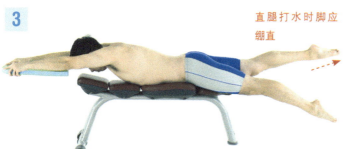

练习步骤

① 俯卧，身体呈伸展姿
势，双手握紧浮板两
端向前伸直，双腿平
行向后伸直，双脚绷
直，稍内扣。

② 左侧大腿发力，带动
小腿和脚部向上方
摆动。

③ 当左脚掌与水平面接
近或基本平行时，左
腿停止上摆并向下打
水，同时右腿发力向
上打水。

◇ **错误姿势**

▲ 屈膝严重，大腿不动，只有小腿上抬。

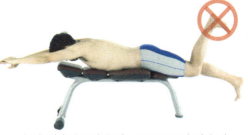

▲ 打水时脚尖没有绷直，而是采用勾脚打水。

042 陆上站姿手臂划水（高肘移臂）

1

2

左臂屈肘，下滑
抱水

5

指尖先入水

6

指尖高度低于肩部

 教练提示

高肘移臂是指在空中移臂时肘部始终是手臂的最高点，通过提拉肘关节使手臂向前移动、出水。高肘移臂有助于运动员把控角度并保持身体姿势。

扫码看视频

3

左臂继续向下推
至大腿

4 左臂肘部充分前送

热身运动

熟悉水性练习

自由泳

蛙泳

蝶泳

仰泳

体能训练

练习步骤

① 双脚分开，与肩同宽，俯身双臂向前伸直，掌心朝下，目视下方。

② 明确手掌和小臂对水方向，左臂屈肘沿身体中线呈螺旋曲线划至胸前。

③ 手臂逐渐内收，继续向后、向外、向上推至大腿。

④ 大臂带动肘部向上提拉，小臂放松。

⑤ 手臂从空中向前、向上移动，手臂越过肩后开始前伸，然后开始斜插入水。

⑥ 手臂前伸，恢复至起始姿势，整个移臂的动作需自然放松。

◉ 其他角度

043 陆上站姿手臂划水（直臂移臂）

1　　　　　**2**　　　　　**3**

左臂屈肘，下划
抱水

练习步骤

① 双脚分开，与肩同宽，俯身，双臂向前伸直，掌心朝下，目视下方。

② 左臂沿身体中线呈螺旋曲线划至胸前。

③ 手臂逐渐内收，继续向后、向外、向上推至大腿。

④ 大臂带动小臂直臂出水。以扇形轨迹由后向前移动。

⑤ 手臂从空中向前、向上移动，手臂越过肩后开始前伸，然后开始入水。

⑥ 手臂前伸，恢复至起始姿势。

 教练提示

采用直臂移臂技术，在空中移动速度快，能够有力地协助身体转动，提升划水速度，增大划水幅度。移动的手臂围绕着肩关节做绕环，动作相对简单，尤其适合初学者和儿童进行练习。

扫码看视频

4

手臂出水时向
上伸直

5

指尖先入水

6

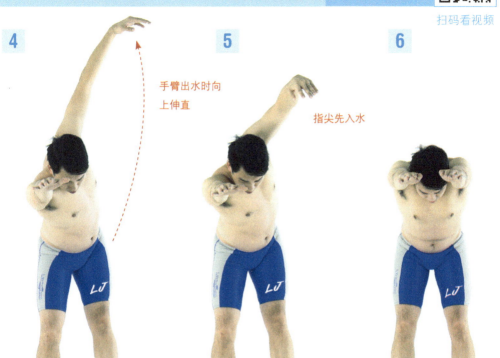

◉ **其他角度**

044 陆上站姿侧头换气

1

2

头部左转，吸气

5

头部右转，吸气

6

头部下转，呼气

 教练提示

在做侧头吸气动作时，需要适度抬高下巴的位置，如果下巴位置过低，嘴部和鼻部就会因无法露出水面而呛水，但注意不要为了吸气将头部翘起。

头部下转，呼气

练习步骤

① 双脚分开，与肩同宽，俯身，右臂向前伸直，左臂放在体侧，目视下方。

② 头部带动躯干向左侧转动，此时头部处于可以露出水面的高度，吸气。

③ 吸气后，头部带动躯干向下转动，头部进入水中，呼气。

④ 左臂移臂向前伸直，右臂划至体侧。

⑤ 头部带动躯干向右侧转动，此时头部处于可以露出水面的高度，吸气。

⑥ 头部带动躯干向下转动，头部进入水中，呼气。

◎ 其他角度

045 陆上单侧练习（右侧）

扫码看视频

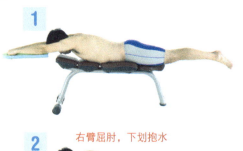

右臂屈肘，下划抱水

右臂继续下划推水

肘部上提

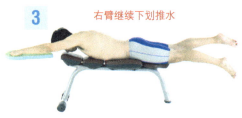

右臂前移斜插入水

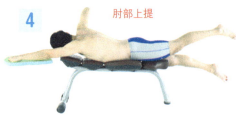

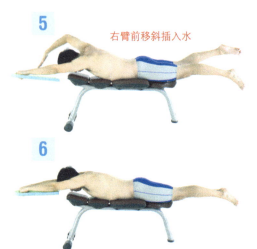

练习步骤

① 身体呈伸展姿势俯卧于训练椅上，双手握紧浮板向前伸直，双腿向后伸直。脚绷直。

② 左手保持伸直握紧浮板，右臂屈肘，手掌与小臂对准水面，沿身体中线屈肘下划抱水。同时右腿发力向上打水。

③ 右臂继续下划推水。

④ 当右臂进入上划推水阶段时，右大臂带动小臂，上提肘部，掌心转向后方完成出水动作，双腿交替打水。同时身体向右转动，脸部随身体转动露出水面吸气。

⑤ 手臂从空中向前、向上移动，手臂越过肩后开始前伸，然后斜插入水。

⑥ 手臂前伸，恢复至起始姿势。

教练提示

自由泳的完整配合除了指身体各部分动作之间的协调配合外，还指在整个划水动作的过程中打水、划水和呼吸次数的比例。例如常见的配合是6：2：1，即做腿部打水6次，手臂划水2次，配合1次呼吸。另外还有4：2：1和2：2：1等多种配合形式。

练习

046 陆上腿部夹板手臂划水练习

扫码看视频

热身运动

熟悉水性练习

自由泳

蛙泳

蝶泳

仰泳

体能训练

1

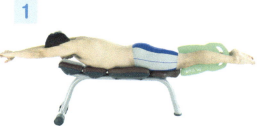

练习步骤

① 身体呈伸展姿势俯卧于训练椅上，双臂向前伸直，双腿夹住浮板向后伸直。

② 保持右臂向前伸直，左臂屈肘手掌与小臂对准水面，沿身体中线屈肘下划抱水。

③ 左臂继续下划推水。

④ 当左臂进入上划推水阶段时，大臂带动小臂，上提肘部，身体向左转动，脸部随身体转动露出水面吸气。

⑤ 手臂从空中向前、向上移动，手臂越过肩后开始前伸，然后斜插入水。

⑥ 手臂前伸，恢复至起始姿势，右臂以同样步骤进行练习。

2

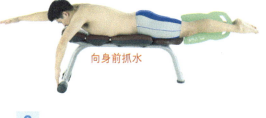

向身前抓水

3

向后推水

🛟 **教练提示**

腿部夹板练习是为了更好地练习手臂动作，腿部在夹板固定的情况下不能活动，只能靠手臂来加速。

4

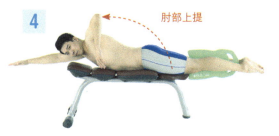

肘部上提

5 斜插入水

6

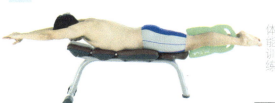

047 转肩

扫码看视频

1　　　　　　**2**　　　　　　**3**

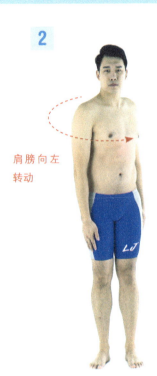

肩膀向左
转动

肩膀向右
转动

练习步骤

① 身体直立，两脚自然分开，双手放于身体两侧，挺胸抬头，目视前方。

② 保持手臂和头部位置不动，向左转动肩膀。

③ 向左转动至最大限度后再向右转动肩膀。重复练习。

◎ **其他角度**

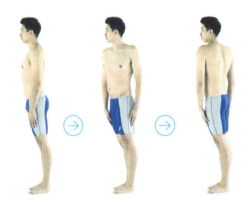

知识拓展

转肩有助于流畅换气

颈部转动的范围是有限的，而肩膀却可以更大幅度地转动，因此在做转肩时尽量保持手臂和头部不动。在熟悉了转肩动作后，换气才能更加自然流畅。

练习

048 半陆半水打水

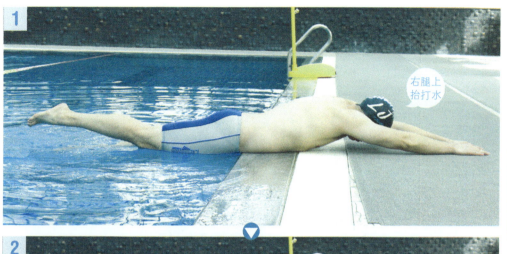

右腿上抬打水

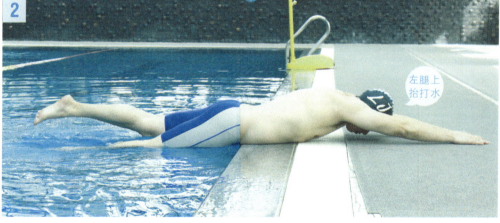

左腿上抬打水

练习步骤

① 俯身平卧于池边，双臂前伸，肩部放松，臀部与池边持平。右大腿发力，带动小腿和脚部向上移动。

② 当整个右腿与水平面接近或基本平行时，大腿停止上抬，转入向下打水，换左腿发力向上移动。双腿在水中进行上下交替打水练习。此练习能够锻炼训练者在没有视觉帮助的情况下，体会正确打水的感觉。

 教练提示

在做此练习时，应注意臀部位置的准确。如果仅腰部与池边相平，那么非常容易出现屈髋的错误动作。打水过程中还要注意大腿的发力，不要出现大腿不动而用小腿和脚部自行打水的情况。

049 扶住池边打水

准备

右腿上抬打水

左腿上抬打水

练习步骤

① 双手扶住池边站立，头部抬起，肩部放松。

② 双腿向后伸直，使头和躯干呈一条直线，右腿发力，大腿带动小腿和脚部向上打水。

③ 当整个右腿与水平面接近或基本平行时，大腿停止上抬，转入向下打水，同时换左腿发力向上打水。双腿依次上下做打水训练。

知识拓展

发力点

打水力量的源头是大腿，打水的部位是脚背与脚掌，所以应由大腿发力带动脚尖打水。

⊙ 其他角度

 →  →

练习

050 扶住池边浸水打水

1 准备

2 浸水

3 交替打水

🛟 **教练提示**

头部浸入水中，身体呈一条直线，抬头时上身用力，身体随即下沉，练习时需注意呼吸换气。

⊙ **其他角度**

练习步骤

① 双手扶住池边站立，头部抬起，肩部放松。

② 双腿向后伸直，使头和躯干呈一条直线，将头部浸入水中呼气，左腿发力向上打水。

③ 当整个左腿与水平面接近或基本平行时，开始转入向下打水，同时右腿向上打水。双腿依次交替做打水练习。

051 浮板有呼吸打水

扫码看视频

1 准备

2 抬头右腿打水

3 抬头左腿打水

练习步骤

① 站立在水中，双臂伸直，双手抓住浮板，抬起头部，肩部放松。

② 双脚蹬地，双腿向后伸直，使身体呈一条直线。头部保持抬起，右腿发力向上打水。

③ 当整个右腿与水平面接近或基本平行时，转入向下打水，同时换左腿向上打水。随后双脚依次交替打水前进。

教练提示

此动作有助于准确定位打水部位，正确运用大腿根部发力，熟练掌握双腿的打水节奏。

⊙ 其他角度

练习

052 浮板无换气打水

扫码看视频

1 准备

浸水

2

交替
打水

3

知识拓展

核心力量

练习过程中应熟练运用核心力量保持漂浮，保证身体呈流线型，同时在浸水时需考虑游泳的呼吸换气节奏。

练习步骤

① 站立在水中，双臂伸直放于浮板上，抬起头部，肩部放松。

② 双脚蹬池底向前滑行，收紧下巴，吸气后将头部浸入水中，身体呈一条直线。左大腿发力向上打水。

③ 当整个左腿与水面接近或基本平行时，转入向下打水，同时右腿向上打水。随后双腿依次交替打水。

热身运动

熟悉水性练习

自由泳

蛙泳

蝶泳

仰泳

体能训练

053 配合呼吸打水

扫码看视频

练习步骤

① 站立在水中，双臂伸直，双手抓住浮板，抬起头部，肩部放松。

② 双腿向后伸直，使身体呈一条直线。抬头吸气，右腿发力带动小腿向上打水。

③ 收紧下巴，吸气后将头部浸入水中，随后吐气。当整个右腿与水平面接近或基本平行时，转入向下打水，同时左腿向上打水。

④ 抬头吸气，双脚依次交替打水前进。

知识拓展

呼吸与打水的配合节奏

此练习可帮助练习者熟悉真正游泳时动作的配合方式，掌握游泳时打水与呼吸之间的配合节奏。

练习

054 扶住池边转身换气打水

浸水打水

吸气打水

在身体足够平稳后加入转身动作打水练习

练习步骤

① 左手伸直扶住池边，右臂放于体侧，肩部放松，保持身体的平稳，目视池底，头和躯干呈一条直线。

② 打腿 6 次后，身体向右侧转动，嘴部露出水面进行吸气，同时肩部露出水面，打水练习 6 次后，转入浸水打水。

教练提示

此练习能够让游泳者体会在水中保持平衡的感觉。练习时应注意打开身体，放松关节，不要出现抬头、屈肘、缩肩、勾脚及身体位置倾斜等错误。此外，在侧身呼吸时也不要出现抬头吸气的错误动作。

055 半陆半水划水

扫码看视频

练习步骤

① 俯卧于池边，身体尽量伸展呈一条直线，头部面向地面。

② 左手手臂保持前伸，右手五指并拢，由指尖到大臂自然插入水中。

③ 入水后，掌心逐渐由斜向外转为斜向内，弯曲手臂并往大腿方向推水。

④ 大臂带动小臂，上提手肘，出水。

⑤ 向身体前方移臂，同时做出类似插水的动作。

⑥ 右臂向前伸直，双臂平行，恢复至起始姿势。

教练提示

在练习过程中应逐步体会手在水中划动的触感。注意手臂要在头部前方入水，手向后滑动至腿部后再出水，手臂在水中的划动轨迹呈螺旋曲线，划水动作的幅度要大一些。

练习

056 水中站立划水及换气

扫码看视频

1 准备

2 左臂划至大腿

3 出水移臂

4 手臂前伸

5 完成

知识拓展

保持重心稳定

对于初学者来说，常出现手臂划到腰部提前出水、动作不流畅等问题。因此，练习时需要保持重心的稳定，按照动作要求控制节奏。动作熟练后，可边划水边迈步向前，感受划水时的推进力。

练习步骤

① 俯身站立于水中，头部向下，目视池底，双臂向前伸直，掌心朝下。

② 右手保持前伸，左臂弯曲入水，抱水后逐渐往大腿方向推水。同时身体向左侧转动，头部随身体转动并吸气。

③ 大臂带动小臂上提肘部移出水面。

④ 向身体前方移臂，同时做出类似插水的动作。

⑤ 右臂继续向前伸直，双臂平行，恢复至起始姿势。

热身运动

熟悉水性练习

自由泳

蛙泳

蝶泳

仰泳

体能训练

057 水下完整动作

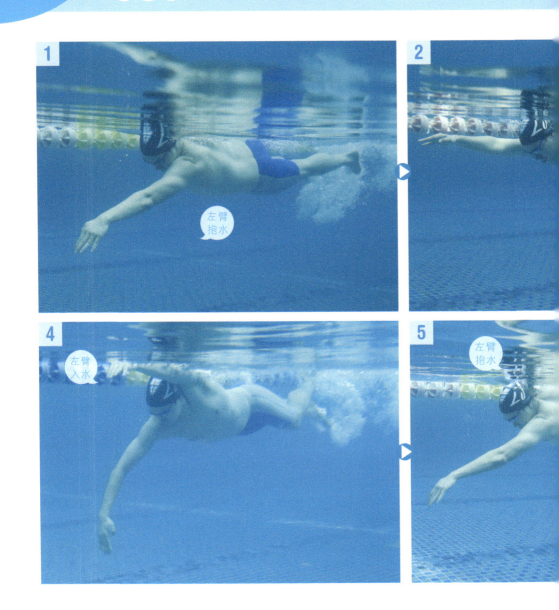

左臂抱水，右臂空中移臂

左臂推水，右臂入水

扫码看视频

转体换气

左臂推水

练习步骤

① 双腿保持交替上下打水，维持身体向前游进并呼气。左臂抱水，让水经过手掌与前臂内侧。

② 右臂移臂入水后前伸，左臂屈肘推水，身体准备左转体。

③ 左臂出水，空中移臂，带动胸部左转，头部也跟随左转，嘴部出水，吸气。

④ 胸部及头部右转恢复面部朝向池底，并呼气。左臂入水，右臂抱水后推水，借助推水的力量前进。

⑤ 左臂入水后抱水，右臂推水至出水点，然后准备移臂出水换气。

🛟 教练提示

在自由泳中，最好在两条手臂分别空中移臂时，分别进行换气，养成两侧换气的好习惯，单侧换气会引起肌肉使用的不均衡，最终使双臂推水效果不同，泳姿发展不协调。但并不是每次空中移臂都要换气，可以根据自己的节奏选择 2 次移臂或者 3 次移臂等换气。

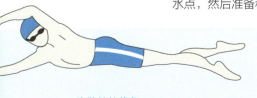

移臂转体换气

左臂入水，右臂抱水、推水

058 触壁转身

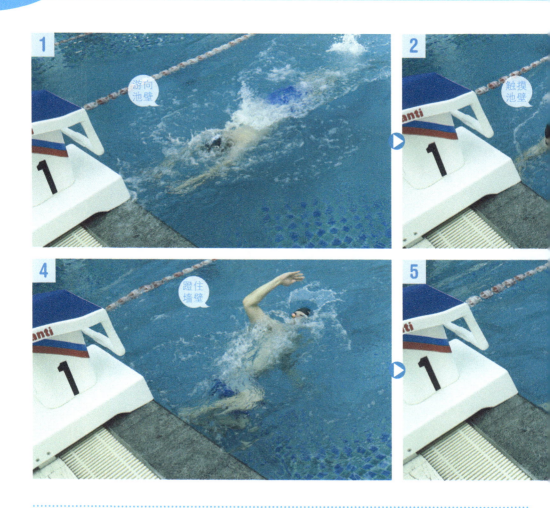

练习步骤

① 以自由泳泳姿游向池壁，快要到达池边时伸直手臂去试图触碰池壁，肘部锁定。

② 放慢速度，双臂屈肘，手掌触摸池壁，双腿保持并拢，膝盖微微弯曲。

③ 双腿带动身体蜷缩收拢，右手放在池壁上，左手伸向身体一侧。

④ 双脚用力蹬池壁，右手离开池壁并迅速收回。

⑤ 双臂伸直举过头顶。

⑥ 双脚继续用力，将身体蹬离池壁，身体借助推动力滑行 2~3 秒。

扫码看视频

知识拓展

双臂向上伸直

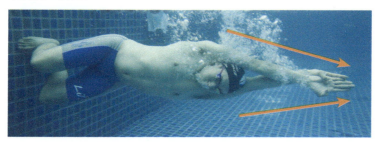

身体在水中时，双臂向上伸直会帮助身体直线前进，有助于减少前进时水对身体的阻力。

热身运动

熟悉水性练习

自由泳

蛙泳

蝶泳

仰泳

体能训练

071

059 终点动作

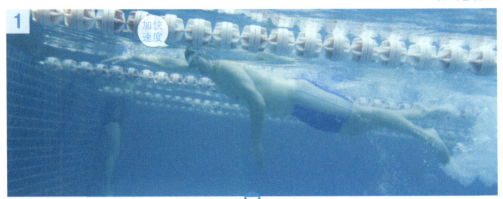

加快速度

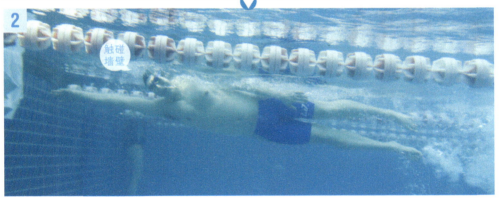

触碰墙壁

练习步骤

① 临近终点时应加快换臂速度，一侧手臂高举后迅速升至水面；另一侧手臂则在水下加速划水。同时双腿需连续多次用力打水。

② 手臂向前伸直，指尖触壁，面部留在水中。

教练提示

在比赛中即将到达终点时应加快划水和打腿的速度。面部尽量留在水中，因为抬头会使触壁速度变慢。

第4章
蛙泳

本章主要讲解蛙泳的技术动作以及练习方法。随着游泳运动的不断发展，蛙泳技术也在不断改良，经过变革后的蛙泳技术更加注重减小阻力和身体协同发力。

060 陆上俯卧腿部练习

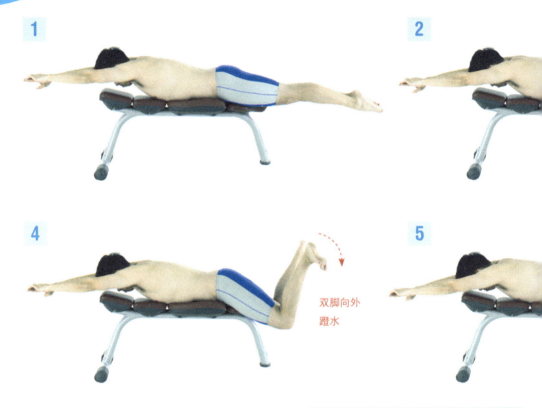

1

2

4

5

双脚向外
蹬水

练习步骤

① 身体呈伸展姿势俯卧于训练椅上，手臂向前伸直，左手搭在右手上，双腿平行向后伸直。

② 屈膝收腿，脚跟向臀部靠拢，脚掌绷直接近水平面。

③ 小腿尽量贴近大腿。勾脚尖，脚掌朝上，脚尖向外，双脚向外打开，使脚和小腿内侧正对蹬水方向。

④ 大腿发力，双脚向外蹬水。

⑤ 双脚向外蹬水后，双腿径直向下方打出，不要出现向左或向右蹬水的动作。

⑥ 打水结束时双腿绷直并自然夹紧。

知识拓展

收腿

收腿过程中，大腿放松，双膝间距大概控制在一拳以内。

⊙ 其他角度

扫码看视频

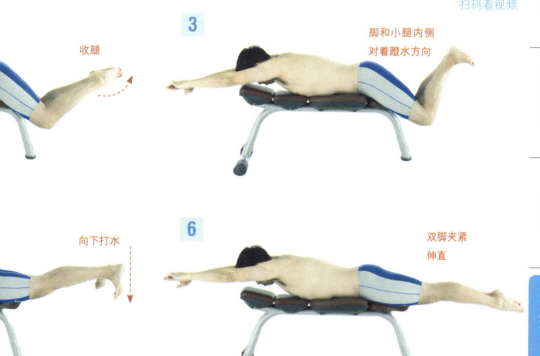

3 收腿

脚和小腿内侧
对着蹬水方向

6 向下打水

双脚夹紧
伸直

🛟 **教练提示**

做蹬夹水动作时要注重节奏的变化，整个动作过程中速度由慢至快，力量从小到大。腿部动作不要过急，力量不要过大，否则会导致技术动作不协调，影响效果。

061 陆上坐姿双脚翻转

扫码看视频

1 **2**

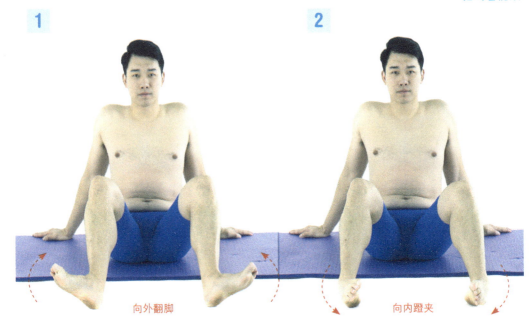

向外翻脚　　　　　　　　向内蹬夹

练习步骤

① 上身后仰坐于地面，双手撑地，双腿屈膝，脚掌外翻，脚跟着地，目视前方。

② 双脚内翻，做向内夹的动作，上身保持不动。

知识拓展

蹬夹力度

游泳初学者非常适合此练习。先熟悉脚部的运动，再加入腿部完整的运动。

教练提示

此练习旨在让练习者能够在陆上清晰体会到双脚的动作和用力的方法。

062　陆上跳起夹水

扫码看视频

2 双脚外旋

4 跳起

练习步骤

①~② 身体直立，双脚间距与肩同宽，双手自然放于身体两侧，目视前方。以脚跟为轴，双脚外旋至最大限度。

③~⑤ 双臂屈肘，双腿弯曲，膝部间距等同于肩宽，借助伸髋伸膝和脚部蹬起的力量迅速向上跃起，同时双臂上伸，双腿靠拢，脚尖绷直。随后双脚自然落下，回到站立姿势。

063 陆上站姿手臂划水

1

2 手掌外翻

3 双臂向外打开

练习步骤

① 双脚分开，与肩同宽，俯身，两臂向前伸直。双手靠拢，手掌张开，掌心向下。

② 手肘伸直，掌心由向下慢慢转为向外。

③ 翻转手掌的同时手臂向外推开。

④ 手臂张开角度约为 45 度时，屈肘，掌心由外转向后，加速向内划水。

⑤ 双臂内收，将水推向身体内侧，此时由于水的推力，上身将处于较高的位置，双手在胸前靠拢。

⑥ 大臂继续贴向身体。

⑦ 保持双手靠拢，手臂向前伸直，同时掌心相对，由向上转为向下。

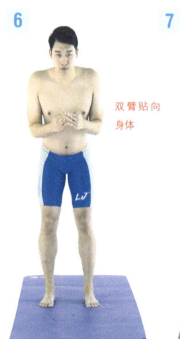

6 双臂贴向身体

7

4

5

内划收手

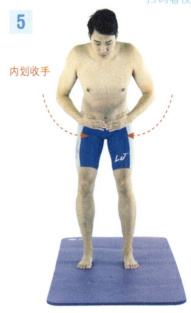

⊙ 其他角度

 →  →  →

 →  →

🛟 教练提示

在整个前伸的过程中，手掌及手指应伸直，从而尽量减少水的阻力。

064 陆上悬空模拟划水

扫码看视频

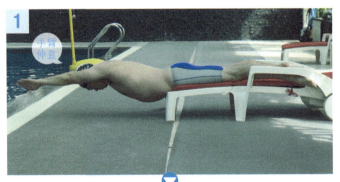

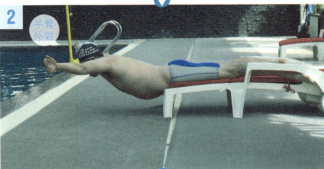

练习步骤

① 俯卧于长凳上，上身悬空，保证手臂有足够的划动空间，双臂向前伸直。

② 手肘伸直，掌心由向下转为向外，同时手臂向外推开。

③ 手臂张开角度约为45度时，上身挺起，双臂屈肘，掌心由外转向后，加速向内划水。

④ 夹肘收手，双手在肩下方合拢。然后掌心逐渐下翻，手臂向前伸直，在动作过程中配合抬头换气动作。

教练提示

练习时应仔细观察手臂划水的轨迹和肌肉的用力部位，并在真正下水后做出准确的动作。

练习

065 半陆半水划水

扫码看视频

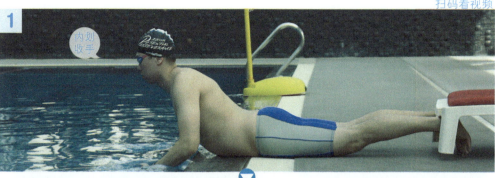

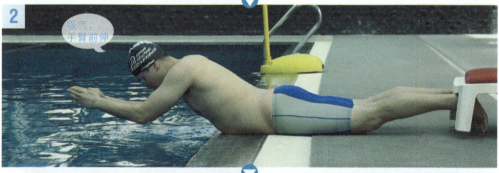

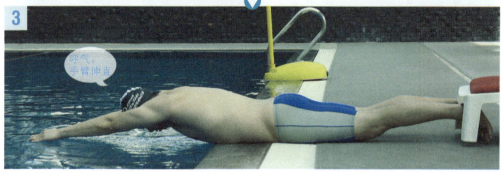

热身运动

熟悉水性练习

自由泳

蛙泳

蝶泳

仰泳

体能训练

练习步骤

① 俯卧于池边，胸部以下处于岸上，腋窝与水池边沿的连线垂直于水面。手肘收于腋下，小臂置于水中。

② 下巴收紧，吸气，双臂从水中抬起并前伸。

③ 掌心向下，呼气，同时伸直手臂。按照外划、内划、伸臂的顺序配合呼吸进行循环练习。

知识拓展

动作次序

心中要牢记各个动作的次序和节奏，不要出现伸臂后急于将头部抬出水面呼吸的情况。这样做会造成节奏混乱，动作不协调。

066 水中站立划水

1 伸直

2 分开

3 外翻

4 外划

5 内划

6 收手

7 伸直

练习步骤

① 站立于水中，弯腰团身，双臂向前伸直，两手并拢，掌心朝下，头部没入水中。

② 手臂分别向两侧移动。

③ 掌心由向下慢慢转为向外。

④ 手掌翻转的同时手臂向外推开。

⑤ 手臂张开角度约为 45 度时，屈肘，掌心由外转为向后，加速向内划水。

⑥ 将水推向身体内侧，此时由于水的推力，上身将处于较高的位置。随后夹肘收手，双臂贴向身体。

⑦ 掌心由相对，转为向下，伸直手臂。

练习

067 半陆半水腿部打水

练习步骤

① 双手向前伸直，上身俯卧在池边，双腿处于水中。

② 屈膝收腿，脚跟向臀部靠拢。勾脚尖，脚掌朝上，脚尖向外，双脚外旋，使脚正对蹬水方向。

③ 大腿发力，脚掌向外蹬水。

④ 脚掌向外蹬水后，双腿自然并拢并保持绷直。

 教练提示

初学者在练习时，掌握节奏的变化是关键。另外，练习时应及时翻脚，蹬夹水之后两腿应相互靠拢。同时还需注意收腿的力度以及蹬夹腿时双膝的间距。

068 配合呼吸打水

扫码看视频

1

吸气

2

收腿

脚跟接近臀部时两脚
外翻且尽量分开

3

蹬腿
呼气

练习步骤

① 双手扶稳池边，头部露出
水面，保持身体平直地漂
浮在水面。

② 吸气后，头部进入水中，
背部保持平直。打水时脚
跟收向臀部，双脚位于水
下，保持膝盖的位置最低
且不要太靠近腹部。大腿
与腹部约呈120度夹角。
勾脚尖，增大水对脚底的
阻力，然后脚先向外、再
向内做蹬夹水动作。

③ 蹬夹动作完成后双腿靠
拢，身体保持漂浮姿态。
此时头部抬出水面进行
吸气，之后再浸入水中
慢慢吐气。反复进行打
水练习。

知识拓展

配合呼吸

做此练习时应注意腿
部动作的完整性和连
贯性，初学者可先蹬
腿多次，呼吸一次；
再慢慢尝试蹬腿一次，
呼吸一次。

练习

069 水中借助浮板打水

练习步骤

① 手握浮板，双臂伸直，肩部放松，核心收紧，保持背部平直，让身体平稳漂浮。头部入水，双脚向臀部靠近，充分感受水的阻力，先向两侧、再向内侧做打水动作，但双脚不能露出水面。收腿时注意双膝不要太靠近腹部。

② 在收腿结束的同时完成翻掌抓水，随后双腿向外蹬出后向内夹腿，做蹬夹水动作，蹬夹结束后在滑行阶段抬头换气。

 教练提示

此项练习的难点在于部分初学者存在怕水心理，不能在保持漂浮的状态下一次性完成系列动作。为降低难度，可以先抬头游 4 组，然后再使用浮板加入换气的练习。

070 水中腿部打水

1

2

准备

3

4

翻脚

知识拓展

蛙泳打水

蛙泳腿部打水的过程可归结为先慢后快，先轻后重。即在翻掌阶段，动作缓慢而力度轻，在蹬夹双腿时，动作开始变得快速且有力。

收腿

蹬腿

练习步骤

① 手臂向前伸直并保持不动，身体自然放松呈流线型。

② 屈膝收腿，脚跟向臀部靠拢，大小腿夹角保持在 30~45 度。

③ 勾脚尖，脚掌朝上，脚尖向外，双脚外翻，使脚和小腿内侧正对蹬水方向。随后大腿发力，伸直双腿向外蹬水。

④ 蹬水结束时，双腿自然并拢夹腿，保持绷直。

热身运动

熟悉水性练习

自由泳

蛙泳

蝶泳

仰泳

体能训练

教练提示

初学者在做此练习时会因为没有浮板的支撑而无法抬头，可以尝试多次蹬腿配合一次呼吸的方式帮助自身抬头，然后逐渐过渡至蹬腿一次，呼吸一次。

071 水下完整动作

伸臂滑行

外划抓水

伸臂蹬水

练习步骤

① 双手叠放，双臂向前伸出，双腿向后伸直，身体呈一条直线。

② 手心向外打开，双臂向外划动并抓水，双腿依旧保持向后伸直的状态，保持身体平直。慢慢向外吐气。

③ 双臂屈肘内夹，将水向内推，同时向上推高上身，双腿略微屈膝。

④ 双臂屈肘收回，双腿屈膝收腿，双脚外翻，借由水的浮力抬高上身，头部出水，深吸一口气。此时大腿和腹部约呈 120 度夹角。

⑤ 头部潜入水中，双臂前伸。脚跟接近臀部，当手臂伸展至一半程度时，双脚向外、向下进行蹬水。保持慢慢呼气。

⑥ 双臂尽量前伸，缩肩，双腿蹬直，继续向前滑行。

双臂前伸，双腿伸直，身体直线滑行

双臂外划抓水

扫码看视频

热身运动

熟悉水性练习

自由泳

蛙泳

蝶泳

仰泳

体能训练

向内划水

屈肘收腿

伸臂滑行

双臂屈肘，向内划水

双臂屈肘，双腿屈膝，上身抬起，头部出水

头部入水，双臂前伸，双腿夹蹬水，然后身体直线滑行

072 触壁转身

扫码看视频

1 游向池边

2 触摸池壁

3 转身蹬壁

练习步骤

① 以蛙泳泳姿游向池壁，快要到达池边时伸直手臂并尝试接触池壁。

② 最后一次蹬腿后，前伸的右臂在水下触壁，注意此时手的位置要高于头。

③ 右手离开池壁并迅速收回，左手顺势向左后方滑行。在触壁转身的同时，双腿同步屈膝，向池壁方向靠拢。

④ 吸气，头部没入水中，双臂伸直举过头顶。

⑤ 双腿发力将身体蹬离池壁，身体利用推动力滑行 2~3 秒。

知识拓展

蹬壁技巧

蹬壁时双腿应一起发力，同时将身体转动 45 度，回到正常体位姿势。蹬离池壁后，将整个身体拉长，呈流线型。

4 伸直手臂

5 推离池壁

练习

073 终点动作

扫码看视频

加快
速度

触碰
池壁

练习步骤

① 临近终点的最后几次划水与换气动作要加速进行，并配合用力打腿，不能使用海豚式打腿。

② 蛙泳要求双手同时到达池壁，为减小阻力，双臂应并拢触壁。头部留在水中，面向池壁伸直身体。

 教练提示

1. 划臂至最宽点并在双手向内划水前，头部必须露出水面。

2. 以蛙泳泳姿到达终点时，双手应在水面、水上或水下同时触碰池壁。

第5章

蝶泳

蝶泳动作的产生与蛙泳紧密相连，甚至可以说蝶泳动作就是在蛙泳动作中分离出来的。发展到今天的蝶泳动作表现为：双臂与双腿均呈对称运动，身体在水中呈波浪式起伏。阻力随身体动作时大时小，双臂划水和空中移臂伴随着腿部的上下打水使游进的速度不停变化。因此当今的蝶泳发展趋势也力求减少划水过程中形成的阻力，并保持均匀的游速。

练习

074　陆上俯卧打水

扫码看视频

1

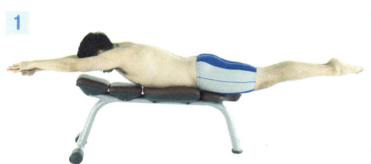

练习步骤

① 身体呈伸展姿势，左手搭在右手上向前伸直，双腿平行向后伸直，脚背绷直。

2

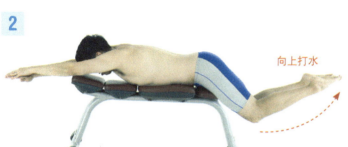

向上打水

② 双腿自然并拢，双脚稍稍内扣。臀部下沉，双腿屈膝，双脚上摆至脚掌接近水面。

③ 大腿下压，膝关节伸直，脚尖位于最低点，臀部接近水面。

3

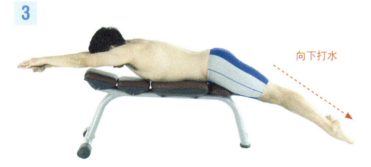

向下打水

④ 大腿上升至与躯干在同一水平线上，继续进行向上打水。

知识拓展 👓

蝶泳的踝关节

蝶泳打腿过程中，踝关节需保持柔韧性，稍稍内旋更有利于打水动作的发挥。

4

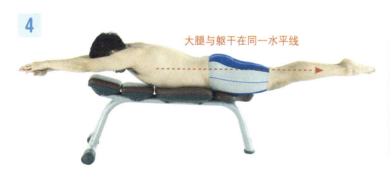

大腿与躯干在同一水平线

075 陆上站姿腰腿练习

扫码看视频

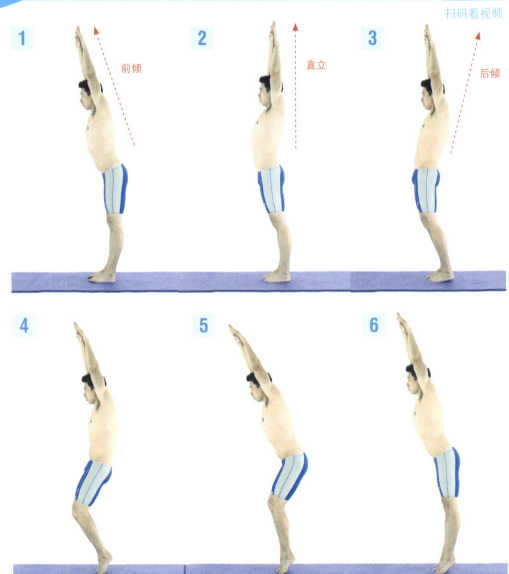

练习步骤

①～③ 双腿并拢，站在瑜伽垫上，双手交叠，双臂向上伸直举过头顶。上身前倾，然后回到直立位，再向后倾，始终保持背部平直。

④～⑥ 双腿屈膝，脚跟抬起，运用躯干的力量带动腿部，将重心向后倾，然后回到中间位置，再向前倾。

076 陆上站姿划水

扫码看视频

1

2

3

下划水

4

5

出水移臂

6

低抛物线前摆双臂

练习步骤

① 双脚分开，与肩同宽，双臂向前伸直，掌心朝下，俯身，低头面向下方。

② 双臂屈肘，手掌向下划水。

③ 下划至肘关节弯曲呈 90 ~ 100 度角时，双手间的距离最近。

④ 逐渐伸展肘、腕并向后划水至大腿两侧。

⑤ 肩部带动手臂向上抬起至与肩平行。

⑥ 双臂在身体两侧沿低平的抛物线向前摆动至头部前方。

🛟 教练提示

出水移臂时，肩部应该露出水面，手臂保持自然伸直的状态，拇指朝下，由大臂带动小臂向前摆动。

热身运动

熟悉水性练习

自由泳

蛙泳

蝶泳

仰泳

体能训练

077 陆上移臂练习

1

2 双臂与肩部在同一水平线上

3

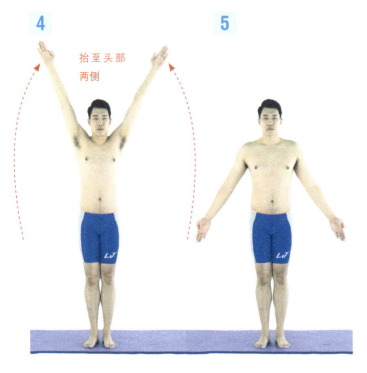

4 抬至头部两侧

5

练习步骤

① 双腿并拢，站在瑜伽垫上，双臂向上伸直，举过头顶，保持平行。目视前方。

② 双臂向身体两侧打开，落至与肩平，掌心朝前。

③ 继续下落至身体两侧，手臂保持伸直，不要屈肘。

④ 双臂从身体两侧抬起至头部附近。

⑤ 双臂收回下落，重复练习。

练习

078 陆上单臂或双臂交替

1

2　下划

3　左腿不间断前后摆动

4　左臂从身体左后方绕向头顶

5

6

热身运动

熟悉水性练习

自由泳

蛙泳

蝶泳

仰泳

体能训练

練習步骤

① ~ ③ 双腿并拢，站在瑜伽垫上，双臂向上伸直，举过头顶。右臂保持不动，左臂做下划水动作直至大腿外侧，同时左腿一直保持前后摆动，模拟打水动作。

④ ~ ⑥ 左臂从腿侧经身体左后方，绕向头顶，回到与右臂平行的初始姿势。左腿一直随着手臂的移动前后摆动，模拟打水动作。

079 水中垂直打水

1 屈腿

小腿屈曲至水平

2 伸腿

练习步骤

① 双手抱住浮板直立漂浮于水中，头部和肩部浮出水面，运用躯干的力量带动小腿向后屈曲，直至小腿基本保持水平。

② 身体重心后移，同时双腿伸直前摆，注意保持身体平稳。

知识拓展

借助道具

在开始阶段如果无法正常运用躯干力量控制腿部，可以佩戴脚蹼进行练习。

教练提示

水中垂直打水训练可以有效帮助初学者体会由躯干带动腿部打水的速度和力量，逐渐提高躯干的控制能力。

练习

080 反蝶泳打水

扫码看视频

1　上打水

2　下打水

⊙ 其他角度

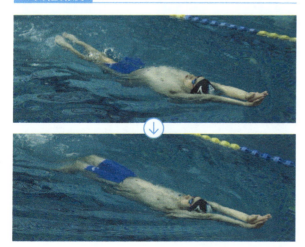

练习步骤

① 身体呈仰卧姿态，平稳地漂浮于水面，手臂伸直，双手相叠举过头顶。利用腹部带动大腿和小腿进行向上打水练习。

② 进行向下打水练习，过程中头和手部可以轻微起伏。注意动作的发力点在腰和大腿。

081 徒手打水

扫码看视频

1 准备

2 上打水

3 下打水

4 伸直

练习步骤

① 借助脚蹬池壁后的力量，身体呈俯卧姿态向前滑行。手臂伸直，双腿向后伸直，双脚稍稍内扣。

② 腰部发力带动小腿向上弯曲，踝关节放松完成上打水。

③ 臀部上顶，膝关节伸直，脚面绷直。小腿加速向后下方打水。

④ 腰部用力下压臀部，双腿上浮，完成一次完整的打水。

教练提示

呼吸换气时，头部随身体起伏自然地露出水面。但不要抬头过高，破坏身体的姿势。

练习

082 站立划水配合呼吸

扫码看视频

练习步骤

① 身体站立于水中，弯腰低头团身，双臂向前伸直，掌心朝下，面部贴近水面。

② 双臂下划，头部浮出水面，吸气。

③ 双臂继续下划至大腿两侧。

④ 肩部带动手臂向上抬起，双臂出水，与肩平行，头部向下准备入水。

⑤ 手臂前移，张开角度约为 45 度时，手腕弯曲，掌心由外向内，加速向内划水。

⑥ 空中移臂，双臂向前伸直入水时，头部再次进入水面。

083 水下完整动作

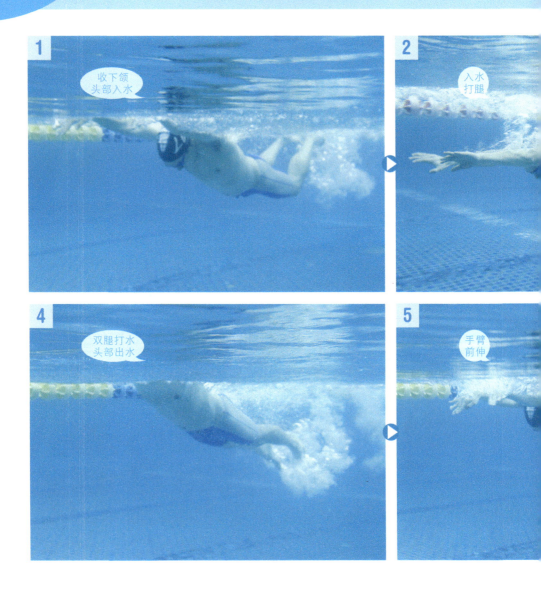

收下颌，入水，屈膝

第一次打水

扫码看视频

抱水

练习步骤

① 深呼吸并收下颌，头部先于手臂入水。双腿屈膝，为第一次打水做准备。

② 头部入水后，双臂前伸，身体按照从腹部、臀部、膝部再到小腿的顺序进行第一次打水。打水时臀部露出水面。

③ 当身体变为直线时，掌心朝斜下方外划，然后向怀内抱水。抱水时双腿屈膝，为下一次打水做准备。

④ 双腿进行第二次打水，同时头部出水，呼吸。双臂结束后划，出水移臂。

⑤ 完成呼吸动作，手臂前伸，收下颌，头部再次入水。

双臂抱水，屈膝

第二次打水，呼吸

084 转身动作

1 游向池边

2 触摸池壁

3 转身

4 蹬壁

✖ 错误姿势

▲ 双膝不能完全向上并露出水面。

知识拓展

平衡

转体时，要保持躯干在一条直线上，即颈部、背部保持平直，有利于保持平衡。

扫码看视频

练习步骤

① 以蝶泳泳姿向池壁游去，快要到达时，伸直手臂。

② 右手触摸池壁，双腿并拢，屈膝团身，同时身体沿纵轴向左侧转动，抬头吸气。

③ 右手离开池壁，身体继续向左侧转动。双脚抵住池壁，完成转身动作。

④ 双腿屈膝蓄力，为蹬壁动作做准备。双臂屈肘上抬至头顶。

⑤ 双手相叠，双臂伸直，双腿蹬壁发力，将身体蹬离池壁，同时舒展身体，利用推动力滑行 2~3 秒。

伸直手臂

教练提示

沿身体纵轴做转体动作，要求左半体与右半体轮流发力，像圆木一样完成转体。躯干在一条直线上，有利于保持身体平衡。转体时要求身体多处肌肉（尤其是核心肌群）保持紧张，协调发力，由肩部带动完成转体。

热身运动

熟悉水性练习

自由泳

蛙泳

蝶泳

仰泳

体能训练

085 终点动作

扫码看视频

1

加快
速度

2

触碰
墙壁

练习步骤

① 接近终点时，手臂划水与腿部打水动作均应加速进行，屈肘入水，空中移臂。

② 身体尽力趋向前方游动，低头展体，手臂向前伸直，以减小阻力，双手同时触碰池壁。

教练提示

在接近终点时应加快手臂和腿部的划水速度，头部浸入水中，因为抬头会导致触碰池壁的速度变慢，影响最终成绩。

第6章
仰泳

仰泳既是四种泳姿中唯一以仰卧姿势在水中游进的泳姿，也是唯一在水中出发的泳姿。当今的仰泳动作表现为：身体俯卧于水面之上，胸部自然伸展并与腹部成一直线，头部没于水中，脸部露出水面，手臂进行交替划水，腿部交替上下打水配合游进。

086 陆上仰卧打水

扫码看视频

1

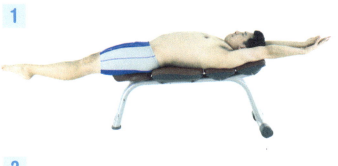

练习步骤

① 身体呈仰卧伸展姿势，双手交叠向头部上方伸直，双腿平伸，脚背绷直，脚尖稍内扣。

② 膝关节充分伸展，臀部肌肉缩紧，将左腿绷直下压。

③ 完成直腿下压后，大腿带动小腿加速向上踢水。陆上练习时，上踢幅度以膝部不露出水面为准。双腿交替进行练习。

2

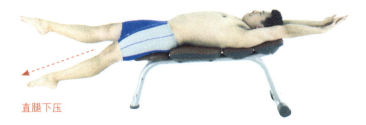

直腿下压

3

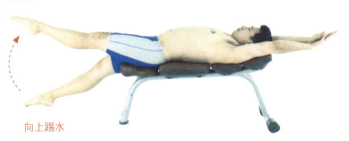

知识点

压腿幅度

腿部下压的幅度不要过大，否则身体的流线型会被破坏，产生较多的阻力。

向上踢水

◎ 错误姿势

▲ 膝部出水。　　▲ 膝部出水，打水勾脚。　　▲ 过度下压。

练习

087 陆上坐姿腿部练习

扫码看视频

1

知识点

上踢打水

该练习动作与"自由泳坐姿腿部练习"看似相同，但打水幅度要大于自由泳。在仰泳中，上打水产生动力，有推水的作用，因此练习时应注重上打水。在做上踢打水动作时，大腿接近水面但不能露出，脚尖略微出水，不要出现水花四溅的情况。

2

上踢

练习步骤

① 坐在训练椅上，双腿平行向前伸直，双手扶于身体两侧，保持平衡。

② 左大腿带动小腿和脚踝，向内上方做打水动作，膝盖保持伸直。同时右腿配合直腿下压，下压方向是外下方。

③ 右腿下压至与躯干的夹角约为 140 度时，大腿带动小腿，进入上踢阶段。左腿则向外下方直腿下压。双腿如此交替进行。

3

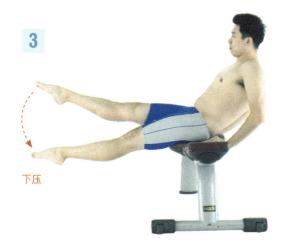

下压

热身运动

熟悉水性练习

自由泳

蛙泳

蝶泳

仰泳

体能训练

练习

088 陆上仰卧单手伸展打水

扫码看视频

1

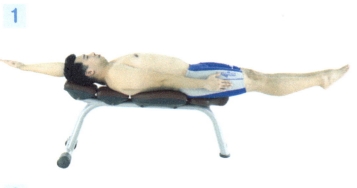

练习步骤

① 身体呈仰卧姿势，左臂在头顶上方伸展开，右臂伸直紧贴体侧，双腿平行伸直，脚背绷直，脚尖稍内扣。

2

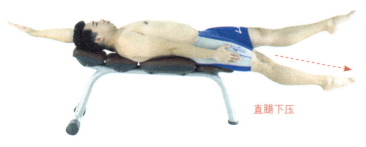

直腿下压

② 膝关节充分伸展，臀部肌肉缩紧，将整个右腿向下压。双臂姿势保持不变。

③ 完成直腿下压后，大腿带动小腿加速向上踢水。陆上练习时，上踢幅度以膝部不露出水面为准。双腿交替进行上踢和下压练习。

3

向上踢水

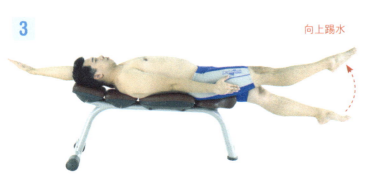

 教练提示

上踢和下压时的发力部位为大腿，即大腿带动小腿上踢和下压。两脚跟上下距离在 40~50 厘米。

089 陆上两臂于体侧仰卧打水

扫码看视频

1

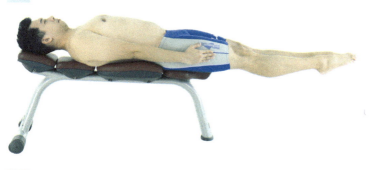

知识点

手臂位置

运动过程中，双臂伸直，始终贴紧于身体两侧，五指并拢，掌心朝内。

2

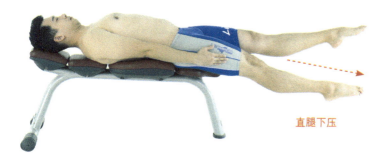

直腿下压

3

向上踢水

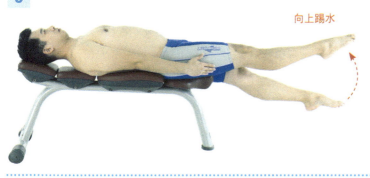

练习步骤

① 身体呈仰卧姿势，双臂伸直紧贴于体侧，双腿平行伸直，脚背绷直，脚尖稍内扣。

② 膝关节充分伸展，臀部肌肉缩紧，将整个右腿向下压。双臂姿势保持不变。

③ 完成直腿下压后，大腿带动小腿加速向上踢水。陆上练习时，上踢幅度以膝部不露出水面为准。双腿交替进行上踢和下压练习。

090 陆上侧身腿部练习

1

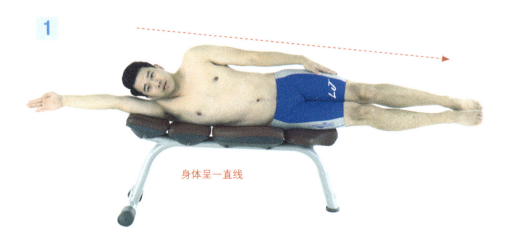

身体呈一直线

3

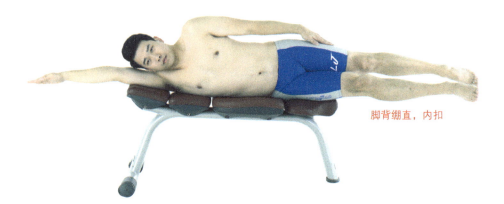

脚背绷直，内扣

扫码看视频

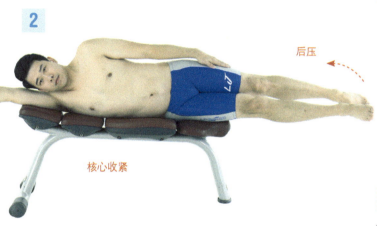

2

后压

核心收紧

4

前踢

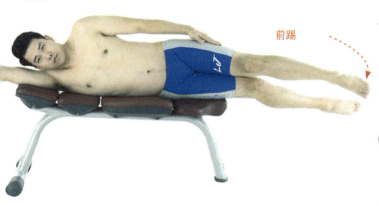

🛟 **教练提示**

下压时，大腿停止发力后，小腿会跟随惯性继续下压，随后转入上踢动作。

练习步骤

① 身体呈侧卧姿势，左臂伸直紧贴体侧，右臂在头顶上方伸展开，双腿并拢伸直，脚背绷直，脚尖稍稍内扣。

② 右手拇指贴掌，掌心朝下。膝关节充分伸展，臀部肌肉缩紧，左腿大腿带动小腿后压，双臂姿势保持不变。

③ 膝关节伸直，脚背绷直，大腿停止发力，准备转入上踢过程。

④ 大腿带动小腿加速前踢。前踢幅度以膝部不露出水面为准。

091 陆上站姿单侧手臂练习

1

2

3

屈肘下划

练习步骤

① 身体直立，两脚略分开，两臂伸直，向上举过头顶，拇指贴掌，掌心朝外。

②～④ 右臂保持不动，左臂向后、向下屈肘做划水动作，划至髋部后手臂恢复为直臂。

⑤～⑦ 保持掌心向外，手臂从髋部继续前划，向前、向上分别经过肩部前方，和头顶上方，恢复至起始姿势。

◉ 其他角度

扫码看视频

4　**5**　**6**　**7**

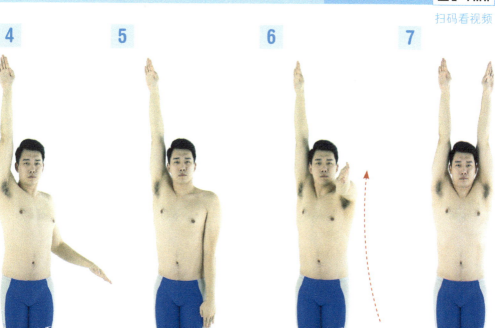

划过体侧

向前向上划动

热身运动

熟悉水性练习

自由泳

蛙泳

蝶泳

仰泳

体能训练

092 陆上站姿单侧手臂与转肩练习

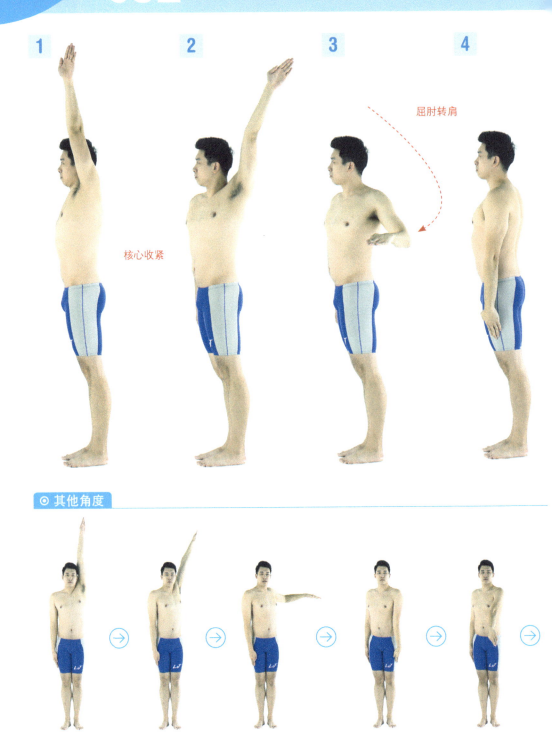

1

2

3

屈肘转肩

4

核心收紧

⊙ 其他角度

扫码看视频

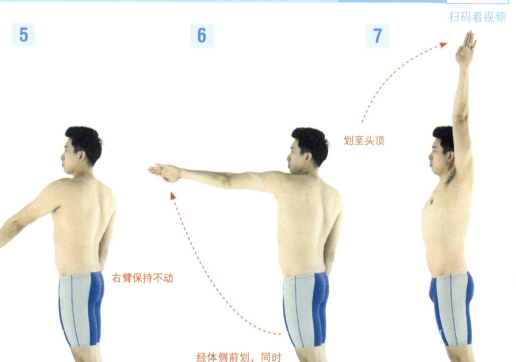

5

6

7

划至头顶

右臂保持不动

经体侧前划，同时
左肩向前转

练习步骤

① 身体直立，双脚略分开，双臂伸直，右臂
紧贴体侧，左臂向上举过头顶，拇指贴掌，
掌心朝外。

②~④ 保持身体稳定，左臂向身体后上方、后方
划动，逐渐屈肘，同时左肩向后转动。手
臂划至髋部后恢复为直臂。

⑤~⑦ 手臂从髋部继续向前、向上划动，保持掌
心朝外，先后经过肩部前方和头顶上方后，
同时左肩向前转，恢复至起始姿势。

117

093 陆上站姿双侧手臂与转肩练习

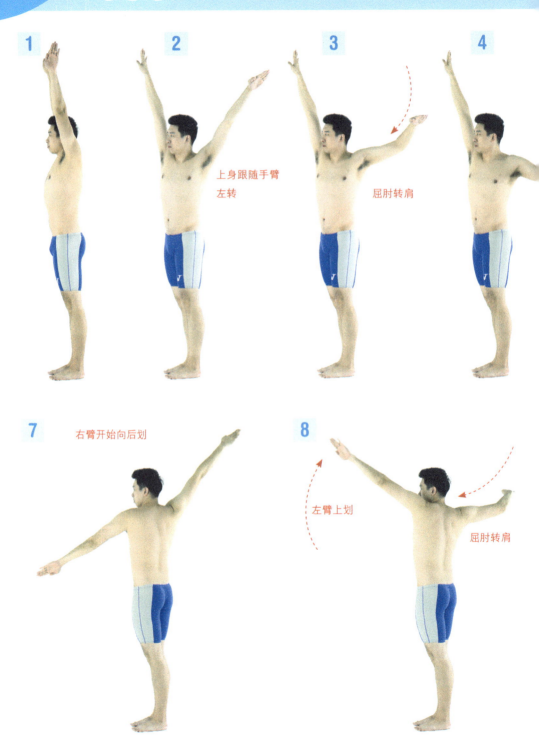

1

2
上身跟随手臂
左转

3
屈肘转肩

4

7
右臂开始向后划

8
左臂上划
屈肘转肩

扫码看视频

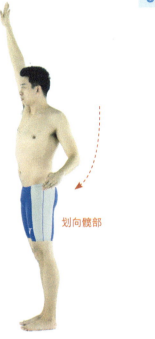

5

划向髋部

6

练习步骤

① 身体直立，双脚略分开，双臂平行伸直，向上举过头顶，拇指贴掌，掌心朝外。

②～⑥ 右臂保持不动，左臂向左后方做划水动作，带动上身略左转。左臂屈肘，继续向后、向下做划水动作，划至髋部后手臂恢复为直臂。

⑦～⑩ 左臂继续保持伸直状态向前方划动，同时右臂向右后方做划水动作。左臂继续向前、向上划动，同时右臂继续向后、向下划动。交替练习划水动作，上身随着手臂的运动稳定转动。

9

划向髋部

10

🛟 **教练提示**

单臂划水时，要做到笔直压水。肘部与肩部在同一水平位置时，要保持腋下张开，让身体感受到水流的力量，带动身体前行。

094 仰卧打水转肩练习

扫码看视频

转肩

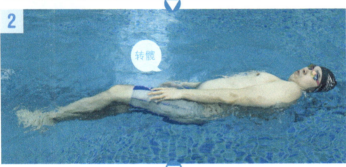

转髋

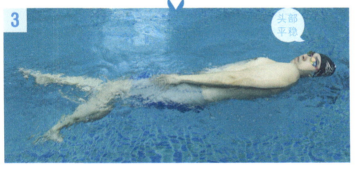

头部
平稳

练习步骤

① 身体呈仰卧姿势漂浮在水面，手臂贴在体侧。一边打水，一边将右肩向下巴方向转动，右髋跟随转动。

② 继续打水，左肩跟随打水动作向下巴方向转动，左髋也跟随转动。

③ 重复动作，保持头部平稳，身体随着腿部的打水动作，交替向左右两侧转动。

◆ 错误姿势

▲ 膝部屈曲过大。

 教练提示

身体向左右两侧转动需要依靠压低肩部来完成，压低一侧肩部，身体就能自然地转向该侧。

练习

095 利用浮板练习浮游

扫码看视频

1 身形流畅

2 掌心压水

3 交替打水

4 吸气时一只手入水，呼气时另一只手入水

5 从肩部延长线入水

6 头部平稳

热身运动

熟悉水性练习

自由泳

蛙泳

蝶泳

仰泳

体能训练

练习步骤

①~② 将浮板平放于腹部，仰卧于水面，双腿平伸，双臂在头部上方伸直，保持身体平稳，呈现流线型。左臂向下划水，同时右腿下压，左腿上踢。

③~④ 左臂出水上划，右臂向下划水，双脚交替打水。

⑤~⑥ 右臂出水上划，左臂下压划水，双脚交替打水。如此循环练习。

知识点

从肩部延长线上入水

手掌入水时，小指尽量从肩部的延长线上（平行于身体）入水。

096 仰泳出发

教练提示

仰泳出发时，两脚在水中的位置要方便将身体蹬离池壁。起跳前应低头含胸，将身体拉到最高。起跳时，髋部、膝部、踝部要充分伸展开。

扫码看视频

重心上移

屈臂上拉

腾空入水

练习步骤

① 双手握住出发台边的握手器，双腿屈膝，大腿与胸部相贴，双脚蹬在池壁上的位置略低于水面或与水面持平。

② 在听到预备信号后，双手紧握握手器，双腿发力紧蹬池壁，身体重心上移，为出发做准备。

③ 双腿继续发力，屈臂，将身体最大限度上拉，臀部略微接触水面。

④ 听到出发信号后，头部向后上方扬起，展髋，伸膝，双手推开握手器，双脚蹬离池壁，将身体向后上方推起。

⑤ 身体继续向后上方腾空，起跳角度约为 20 度。双臂摆向头顶上方，挺胸抬头，以背弓姿势进入水中。

知识点

流线型入水

身体在入水时保持流线型姿势，有利于在水中继续向前滑行。

097 水下完整动作

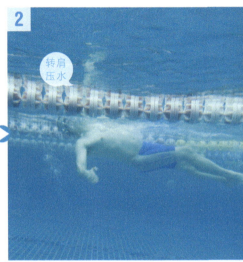

右臂入水，左臂划水

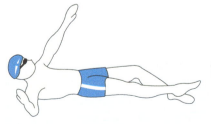

左臂上抬移臂，转肩，右臂压水

热身运动

熟悉水性练习

自由泳

蛙泳

蝶泳

仰泳

体能训练

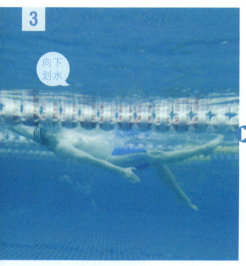

3 向下划水

4 左臂上抬下移入水

练习步骤

① 仰卧于水面上，右臂伸直，于头顶上方入水。左臂下划至体侧。双腿轮流打水。

② 右臂入水后，向右转肩，掌心向下压水，然后屈肘下划。左臂出水，在空中向前移臂。

③ 右臂发力向脚的方向推水至手臂伸直且处于大腿侧下方。

④ 左臂入水后前伸，右臂完成出水动作后在空中向前移臂。

⑤ 向左转肩，左手掌心向下压水，然后屈肘下划。右臂出水，进行空中移臂。

⑥ 右臂移至头顶前方并入水，左臂下划，完成一个手臂动作循环。

右臂向体侧划水　　　左臂入水后转肩压水，右臂上抬

左臂划水，右臂上抬移臂并准备再次入水

098 转身动作

练习步骤

① 接近池壁时（一划或者两划即可到达池壁），身体向左侧转肩，转为侧身姿势。

② 双臂都划向身边，利用左手抱水的力量继续转身，双脚保持打水。

③ 转身至身体正面朝下。

④ 利用右手抱水的力量，头部开始下潜。此时可以采用海豚式打水保持身体动力。

⑤ 双腿弯曲，双脚用力蹬向池壁，手臂在头顶上方伸直，身体保持流线型。

⑥ 继续利用蹬壁的力量，使身体呈流线型滑行并完成转身。

扫码看视频

3

身体正面朝下

6

完成翻滚转身

热身运动

熟悉水性练习

自由泳

蛙泳

蝶泳

仰泳

体能训练

教练提示

翻滚转身需要较长的时间和力度，因此入水前应充分吸气。在蹬离池壁后，双腿伸直，身体呈流线型向前滑行。滑行一段距离后，双腿要及时打水保持动力。

知识点

双手相叠

手臂前伸，双手相叠，在游进时产生的阻力会相对小一些。

127

099 终点动作

扫码看视频

1

加快
速度

2

触壁手
伸直

3

快速推
压池壁

练习步骤

① 即将到达终点时，加
快手臂划水与双脚打
水的速度。

② 一侧手臂用力滑水，
另一侧手臂向头顶上
方伸直，准备触壁。

③ 伸展身体，快速用力
推压池壁。比赛中池
壁该位置为终点计时
板，运动员可快速推
压终点计时板记录下
个人成绩。

教练提示

为了在终点前提升一下速度，部分练习者会在离终点 5 米时开始闭气，直至推压终点计时板。
这需要良好的身体条件和呼吸功能。

第 7 章
体能训练

　　游泳运动依赖于四肢的摆动以及身体的平稳，因此针对四肢和躯干系统地进行肌肉训练是很有必要的。本章节针对游泳中常用的肌肉设计了系统性的训练动作，有利于培养游泳技能。

100 单臂哑铃弯举

扫码看视频

练习步骤

① 身体直立，双脚自然分开，右手紧握哑铃，双臂垂于身体两侧。

② 保持核心收紧，右臂屈肘，上抬哑铃。

③ 将哑铃抬至肩部高度后保持稳定，然后还伸肘下落至大腿位置后，重复弯举练习。

④~⑥ 换左臂重复以上练习。

知识点

肱二头肌

单臂弯举哑铃动作是锻炼肱二头肌的理想动作。在练习过程中应保证动作正确，核心收紧，充分感受肱二头肌的收缩力。

练习

101 哑铃飞鸟

扫码看视频

双臂抬起至与肩保持水平

练习步骤

① 身体直立，双脚自然分开，双手各持一哑铃，手臂垂于身体两侧。

② 俯身，使背部与地面平行，双臂保持自然伸直，注意不要屈膝。

③ 双臂向两侧抬起，将哑铃上举至与肩关节持平。然后慢慢放低哑铃，恢复至双臂自然下垂姿势，重复平举动作。

◉ 其他角度

🛟 **教练提示**

游泳动作中，手臂的移动很重要。通过该练习发展肩与背部肌肉，可以使上肢活动范围增大，动作更灵敏。

102 屈肘哑铃上提

扫码看视频

1   **2**   **3**

垂直向上提拉

练习步骤

① 身体直立，双脚分开，双手紧握哑铃，自然垂于身体两侧，掌心相对。

② 保持核心收紧，两臂屈肘向上抬起，将哑铃垂直向上提拉。

③ 将哑铃提拉至与下巴接近后还原动作，重复练习。

知识点

提拉高度

将哑铃提拉到接近下巴的高度，可充分激活三角肌中束，锻炼肩部肌肉。

练习

103 哑铃肩上推举

1

2

3

双臂向上发力，
举过头顶

练习步骤

① 坐在训练椅上，双腿自然分开，双手各
紧握一只哑铃放在身体两侧，目视前方。

② 核心收紧，双臂屈肘上抬，使大臂与地
面平行，此时哑铃位于头部两侧。

③ 双臂继续向上推举，将哑铃举过头顶。然
后恢复至起始位置，重复练习。

 教练提示

哑铃肩上推举可以很好地锻炼手臂与
肩部肌群，有助于提高游泳时手臂的
灵活性。

104 俯身直臂下拉

扫码看视频

1

握紧弹力带

知识点

模拟划水

弹力带的弹力可以模拟水中的阻力，因此本练习可以充分锻炼手臂和背部肌肉，尤其是肱三头肌和背阔肌。

练习步骤

① 双腿屈膝，大腿与地面呈 45 度，双脚分开的距离与肩同宽，躯干向前倾斜，与大腿呈 90 度，左臂屈肘放在体侧，右臂前伸，肘部伸直，紧握弹力带一端。弹力带另一端固定在面前等高的其他物体上，保持弹力带绷直但不拉伸。

② 右臂向后、向下拉伸弹力带，拉伸至髋关节位置后有控制地恢复至起始姿势，重复练习。

2

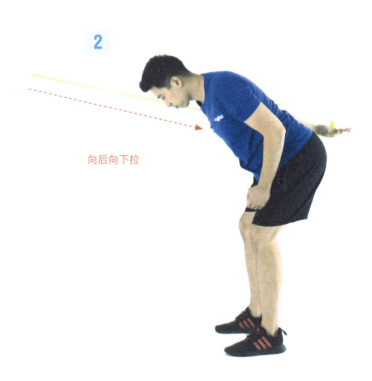

向后向下拉

练习

105 哑铃俯身臂屈伸

扫码看视频

1

练习步骤

① 左手与左膝支撑在训练凳上，右脚支撑地面，右手握紧哑铃，在身体右侧屈肘，小臂下垂。

② 右上臂保持不动，向后伸直小臂，然后恢复至起始姿势，重复练习。

2

后伸至伸直

知识点 👓

小臂角度

后举时，保持上臂不动；随后还原至小臂自然下垂。

 教练提示

臂屈伸能充分锻炼肱三头肌。注意整个动作过程中，保持核心收紧，身体稳定。

热身运动

熟悉水性练习

自由泳

蛙泳

蝶泳

仰泳

体能训练

106 站姿哑铃后举

1

2

后举约 45 度

3

练习步骤

① 身体直立，双脚分开，双手紧握哑铃，
自然垂于身体两侧，掌心朝内。

② 保持核心收紧，两臂向后上方抬举，
直至与身体呈约 45 度角。

③ 手臂放下，恢复至起始姿势，重复
练习。

◎ 其他角度

练习

107 哑铃卧推

扫码看视频

1

🛟 **教练提示**

哑铃卧推可以锻炼胸部与上肢肌肉，尤其是胸大肌与三角肌。这对于游泳运动中的手臂动作至为重要。

2

手臂下降，直至肘部为 90 度角

练习步骤

① 仰卧于训练凳上，双脚踩于地面，两手分别紧握一只哑铃，置于胸部正上方，手臂伸直。

② 两臂屈肘，将哑铃缓慢下降，直至肘关节呈 90 度角。

③ 将哑铃迅速上推，直至手臂伸直，重复练习。

3

右侧栏：热身运动　熟悉水性练习　自由泳　蛙泳　蝶泳　仰泳　体能训练

108 俯卧撑

1

2

不要塌腰

练习步骤

① 身体呈俯撑姿势，双手撑地，双脚脚尖撑地，双手距离稍宽于肩宽，手臂伸直，身体呈一条直线。

② 核心收紧，屈肘使身体下降，直至胸部几乎碰到地面。然后快速推起身体，恢复至起始姿势，重复练习。

 教练提示

俯卧撑动作能有效锻炼胸部、肩部与上肢肌肉，这对于游泳运动中的上肢动作十分重要。

练习

109　站姿水平前推

扫码看视频

1

🛟 **教练提示**

利用弹力带进行还原练习时应注意将速度放缓，控制好弹力带的弹力，防止因速度太快而发生回弹，导致肌肉受伤。

热身运动

熟悉水性练习

自由泳

蛙泳

蝶泳

仰泳

体能训练

练习步骤

① 身体直立，双脚分开，距离与肩同宽，双手分别握住弹力带的两端。保持身体稳定，双臂屈肘上抬至与肩部保持水平。弹力带的中间固定在身后等高的其他物体上，保持弹力带绷直但不拉伸。

② 双手快速向前水平推，直至手臂完全伸展。然后缓慢放松弹力带，使双臂恢复至起始姿势，重复练习。

2

双臂快速前推

110 仰卧直腿抬起

扫码看视频

1

练习步骤

① 仰卧在瑜伽垫上，头部放正，双臂自然放在身体两侧，手心朝下紧贴垫子。

② 利用核心收缩的力量，使腿部上抬。保持双脚并拢，膝关节伸直。

③ 继续上抬腿部，直到双腿垂直于地面，然后缓慢放下双腿，重复练习。

2

3

教练提示

该练习可以发展腹直肌，从而影响腿部打水力度，对腿部打水起到促进作用。

练习

111 俯卧两头起

扫码看视频

1

2

腰部、背部发力

练习步骤

① 俯卧在瑜伽垫上，双臂在头部前方伸直，手心向下。胸部、腹部紧贴垫子，双腿向后伸展开。

② 腰部、背部发力带动双臂、双腿同时向上抬起，抬至最大限度。然后再恢复至起始姿势，重复练习。

◉ **其他角度**

112 仰卧两头起

1

2

双手向上伸直，
举过头顶

3

双手向双脚贴近

练习步骤

① 在瑜伽垫上躺平，头部放正，双臂自然放在身体两侧，手心朝下紧贴垫子。

② 双臂向头顶上方伸直，做好收紧核心的准备。

③ 利用核心收缩的力量使上半身和腿部上抬。保持双脚并拢，膝关节伸直。双手向双脚靠近，
直至相接触，然后恢复至起始姿势，重复练习。

113 俄罗斯式扭转

扫码看视频

教练提示
该动作对腹部各肌肉都能起到锻炼作用。

1

2

腹部肌肉收紧

练习步骤

① 坐在瑜伽垫上；手握药球，双肘屈曲；双腿屈膝，双脚悬空；保持身体稳定。

② 保持双腿和臀部稳定，双手抱药球带动上身向右侧旋转。

③ 双手抱药球带动上身快速向左侧旋转。双腿和臀部始终保持稳定，重复练习。

3

双腿保持稳定

114 卷腹

扫码看视频

1

练习步骤

① 在瑜伽垫上呈仰卧姿势，双臂交叉抱于胸前。

② 依靠腹肌的力量，将肩部抬起。双腿保持姿势不变。

③ 将上背部抬至背部完全离开地面，且头颈部垂直于地面。然后恢复至起始姿势，重复练习。

2

3

腹部肌肉发力

教练提示

卷腹是锻炼腹部肌肉的经典动作。腹部力量在游泳中可以起到保持身体姿态的作用，进而有利于腿部力量的施展。

练习

115 摆动踢腿

扫码看视频

1

2

始终保持腹部收紧

3

动作过程中不要憋气

练习步骤

① 在瑜伽垫上呈仰卧姿势，双肘撑地，支撑抬起的头部与上背部，手心朝内，双腿伸直。

② 双腿略微抬起，左脚向上摆动踢腿。注意始终保持核心收紧。

③ 左脚下摆，右脚同时上摆踢腿。双腿动作交叉进行，持续一定的时间。

知识点

摆动踢腿

摆动踢腿主要锻炼腹部及大腿的肌肉，这两处肌肉的力量对游泳时身体的稳定和打水都很重要。

热身运动

熟悉水性练习

自由泳

蛙泳

蝶泳

仰泳

体能训练

116 单腿俯身对侧触碰

扫码看视频

1

2

练习步骤

① 身体直立，目视前方，双手放在身体两侧，自然下垂。

② 双臂向上举起并伸直，在头上方相交叠，手心朝前。

③ 向左前方俯身转体，左脚撑地，右腿向后伸直，左臂摆向身后，右臂去尽量摸身体左前方的地面。

④ 换右腿撑地，身体前俯右转，左腿向后伸直，右臂摆向身后，左臂去尽量摸身体右前方的地面，重复练习。

教练提示

该练习有利于游泳时腿部的摆动。

3

支撑腿的对侧手尽量触碰支撑腿前外侧的地面

4

117 深蹲

扫码看视频

双膝的方
向应与脚
尖 一致

热身运动

熟悉水性练习

自由泳

蛙泳

蝶泳

仰泳

体能训练

◎ 其他角度

始终保持
背部平直

练习步骤

① 身体直立，双脚分开与肩同宽，双
手放在身体两侧，自然下垂。

② 两臂向前抬起，平行于地面，掌心
相对。

③ 屈髋、屈膝下蹲，始终保持手臂水平，
以及背部平直。然后伸髋、伸膝站起，
恢复至起始姿势，重复练习。

118 哑铃上台阶

扫码看视频

1

练习步骤

① 直立于训练凳一侧，双手各持一哑铃，垂放于身体两侧。

② 左脚迈上训练凳上，手臂动作保持不变。

③ 收紧核心，左腿发力，带动身体上提，使右脚也登上哑铃凳。然后恢复至起始姿势，重复练习。也可两腿交替进行。

🛟 教练提示

此动作主要锻炼臀部和大腿前部肌肉。

2

3

练习

119 保加利亚蹲

扫码看视频

1

2

屈髋屈膝，身体下降

⊙ 其他角度

练习步骤

① 左腿撑地站立于训练凳前侧，右腿向后屈膝，右脚放在训练凳上。双手各持一哑铃，垂放于身体两侧。

② 腹部肌肉收紧，保持身体稳定，左腿屈膝下蹲，身体重心下降，直至大腿约与地面平行。然后恢复至起始姿势。重复练习。

热身运动

熟悉水性练习

自由泳

蛙泳

蝶泳

仰泳

体能训练

作者简介

张宇

中国国家游泳队前队员，曾获第十一届全国运动会男子 100 米仰泳冠军。退役后一直工作在游泳教学的一线，曾带出多位优秀的小运动员。